# 観光列車の経済学的研究

## —地方鉄道の維持振興と地域活性化に向けて—

藤 田 知 也

大阪公立大学共同出版会

# 目　　次

# はじめに—研究目的・研究背景，本書の要旨

　本研究の目的は，①厳しい条件に直面する地方鉄道の現状とその課題をレビューし分析すること，②地方鉄道再生と地域活性化の手段として，地方鉄道への支援か廃止かという単純な2項対立を超えた，第3の道，すなわち別需要（交流人口）の開拓であり，かつ大規模な投資を伴わない列車自身を観光資源とする事業・政策の有効性を分析し，モデル化することである．

　第1章「日本における鉄道事業の現状と近年の地方鉄道問題」では，日本の鉄道需要の推移を概観し，地方圏は経営が厳しい状況であることを見た上で，地方衰退問題に大きな影響のある地方鉄道問題と政策の推移を総括し，特に重要な21世紀に入ってからの展開を，「改正鉄道事業法」が施行され全国的に不採算路線の廃止が相次いだ2000〜2007年を第1期とし，「地域公共交通活性化・再生法」が施行された2007年以降の第2期にわけ考察する．この第2期には，地方鉄道支援のスキームの1つである公有民営方式による上下分離が可能となる等，各種支援制度が整備され廃止ペースは一時，緩やかになった．しかしこれらの支援は国および地元の財政的な支出をともなうものであり，全ての地方鉄道に適用できるサスティナブルなものではなく，地方鉄道が苦しい現状は改善されてはいない．

　第2章「地方鉄道問題に対する政策に関するこれまでの検討」では，経済学的立場からの地方鉄道維持の方向の研究，逆に，地方鉄道廃止方向の研究，経済学以外の立場からの地方鉄道維持の方向性の研究の3分類から検討する．そして，地方鉄道に関する先行研究は基本的に定住人口を念頭に置いた形で進められており，基本的に定住人口は減少傾向にあることを踏まえると，既存の政策では存続に限界があると結論づける．そこで，この課題の解決のためには，地域輸送としての地方鉄道の存廃

という議論ではなく，新たな手法，すなわち通勤通学以外の，交流人口・観光利用の振興による地方鉄道存続の可能性を図る必要がある．しかし，大きな新たな観光資源の開発は多くの地域で極めて難しいと言えることから，近年注目される鉄道そのものを観光資源として活用する政策（＝本源的需要としての観光列車政策）に注目することを述べる．

　第3章「地方鉄道の需要関数と弾力性分析─観光，交流人口の観点を踏まえて」では，通勤・通学・定期外に非集計化された10年間のパネルデータから地方鉄道の需要関数を推計，弾力性分析を行う．まず，弾力性分析より，運賃政策については，自動車等代替財をもつ通勤者は大きく逃げ，通勤者からの売り上げは減る一方，通学者と交流人口（定期外の観光者）からの売り上げは増加することが示唆された．しかし今後，若年人口は減少するので，通学者数そのものが減るものと思われ，売り上げは減る．これらの定量分析により，定期外の乗客＝観光に期待できることを確認する．

　第4章「地方鉄道問題に対する第3の道としての交流人口開拓（観光政策の意義）」では，観光と鉄道の関係を大別し，古くからある「観光地へのアクセス交通としての鉄道（派生的需要）」に対し，「観光資源としての鉄道「観光列車」（本源的需要）」は，JR発足後に拡大したことを示す．その上で，交通経済学や地域活性化の視点から観光列車の特性を概観し，観光列車が地方鉄道の課題解決と活性化に有効である可能性を示唆したが，財政上，導入コストに見合う効果があるのかどうかを検討することは重要であることを指摘する．

　第5章「観光列車の導入の経済的持続可能性評価」では，まず，JR四国の「伊予灘ものがたり」を対象に収支を見た．年間通しての運行が行われ始めた2年目の2015年度からは黒字となり，さらに地域への経済効果も年間当たり約8400万円あり，観光列車政策は成功といえる．したがって「伊予灘ものがたり」の導入は運行事業者であるJR四国に対し

て経営改善効果をもたらしていると判定する．JR九州の事例では，営業係数の改善に観光列車は寄与しているものの，起爆剤的効果は有していないことが示唆される．その上で，観光列車に係る助成制度について概観する．

第6章以下では，観光列車は導入されることによりどのような地域に恩恵があるのか，という観光列車の外部効果問題，空間モデル問題に焦点をあてる．これまで殆ど研究例はないが，政策面からは重要なテーマといえる．

第6章「観光列車の空間的効果（1）─「端点駅効果」，中間駅「中間帯モデル」」では，JR東日本およびJR四国の一部路線における駅ごとの定期外利用のパネルデータを活用する．まず第1に「観光列車導入によりすべての端点駅には大きな効果がある」ということが明らかとなる（端点駅効果）．しかしながら「観光列車導入により（残りの）すべての中間駅には効果がある」との仮説は採用されなかった．そこで，中間駅に対するより精密なモデルを構築するために，観光列車導入効果を示す「定期外乗車人員数の増減」と，現在のその駅の地域の特性すなわち観光資源の存在量にかわる「定期外乗車人員の実数」の関係を見ると，現在の「定期外乗車人員の実数」で中間帯のレベルで観光列車導入効果が大きいことがわかる．これは，現在すでにある程度観光開発の実があがっているところ，ある程度観光資源の存在があるところに効果があるためと考えられる．

ただし，観光資源のある中間駅でも効果は大小さまざまであり，より精密なモデルがもとめられる．そこで，第7章「事例分析─地域観光資源の詳細な調査とアーカイブ化」では，各駅の立地する地元地域は多様な地域特性をもっており，それを分析する必要があるため，特に，山形県村山地域，新潟県小千谷市，岩手県遠野市，愛媛県大洲市の4地域の観光資源を分析し，資源のアーカイブ化を行い，コンセプトモデルを示す．

第8章「観光列車の空間的効果（2）―中間駅「補完財・代替財モデル」」では，観光資源の定量分析より更に精密なモデルを検討する．「観光資源台帳」や関係各県・市町村・関係団体の観光統計資料，ホームページに記載されている観光資源をデータベースに追加し17変数を設定する．1）この分析の結果，観光列車の導入効果は「単純な観光資源数」とともに大きくなると想定したがそうはならないこと，2）観光列車の導入効果はすでにある程度観光開発がおこなわれている地域に高いとの仮説であっても，単に観光資源が多いだけでなく「観光列車と連携するコンセプトで，更に下車をさそう補完財的観光資源」が多いところに効果が高いことがわかる．また下車しても風景景観だけの場合，車中でも楽しめるので観光資源が代替財としての性質を持っている場合，観光列車の車内で充足され，沿線地域への効果は有意に表れない．したがって，観光列車の導入による観光を通じた地域活性化を図るためには，むやみに観光資源を開発するのではなく，観光列車と補完財関係にあるような観光資源を中心に開発することが重要であると思われる．そのためには沿線地域側も観光列車の有している観光資源を事前に把握し，代替財ではなく補完財になるようにすることが肝要であると言える．これを「観光列車の地域効果の補完財・代替財モデル」とする．

回帰式：D ＝ a ＋（β1×C）＋（β2×S）
（C：補完財，S：代替財）

第9章「観光列車における観光資源の統一化―「複数の物語モデル」」では，観光列車としては成功例とみられる「伊予灘ものがたり」は，各々の観光要素においてストーリー性を形成する「統辞的構造」をなしており，観光価値をより高め，沿線の活性化効果も，産業連関分析を行ったところ，愛媛県内への経済波及効果は年間で8408万円と推計する．本分析より，沿線全体で統一コンセプトをつくり，統辞論的構造をもつ「複数の物語が統合されたマーケティング」となっており，ストーリーは補完財の束・集合であることから，補完財モデルをさらに高度化・複合化

したものと考えられ，その成功のカギとなっていると推定される．このように補完財モデルを発見できると，観光列車でも大きく成功している他の例も，統一的に説明できる可能性があることを示す．

第10章「鉄道輸送サービスの高付加価値化に関する定量的研究─観光列車アメニティの計測」では，観光列車料金に着目しヘドニック・アプローチを用いることで，観光資源である鉄道輸送サービスの高付加価値化の定量化を試みる．分析の結果，車内の居住空間の快適性の向上やビュッフェ・カウンターといった車内販売に関する設備の設置，SL属性やグッドデザイン賞属性が観光列車アメニティとして高付加価値化に寄与していると考えられ，観光列車による鉄道輸送サービスの高付加価値化が達成されていることが定量的に示唆される．

第11章「新しい内発的発展論としての観光列車の役割─大井川鐵道を事例に」では，観光列車政策が新しい内発的発展の政策として有効であることを示す．分析の結果，大井川鐵道の事例では，1）イニシアティブは地元企業，2）観光資源自身が外部由来，という2つの点で，新しい内発的発展論の好例であり，しかも観光列車としては持続的な運用ができていることがわかる．

第12章「観光列車の導入における鉄道事業者と沿線地域の連携機能─京都丹後鉄道「丹後くろまつ・あかまつ・あおまつ」を事例に」では，京都丹後鉄道「丹後くろまつ・あかまつ・あおまつ」を事例に，インタビューデータを分析する．本事例では，単に観光列車を運行させているだけではなく，それが持続するように沿線地域・地域住民と協働活動が非常に活発におこなわれている．即ち，地域の行政と地域住民一体となったソーシャル・キャピタル（社会関係性資本）醸成の効果があると考えられる．

「観光資源の有無からみた地域と列車の観光資源関係の共進化モデル」

1）本研究は，衰退に直面する地方鉄道活性化を定住人口から交流人口への着目による地方鉄道政策として，単なる沿線巨大観光開発をおこなわない，より小さな投資で活性化できる，列車自身を観光資源とする観光列車政策の有効性についてまとめた．

2）そこで一義的には，沿線には観光資源は前提とされていない．

3）しかし，結果として，地域への効果を考えると，すでにある程度観光資源があるところに効果があることがわかった．特に観光列車と補完財関係にあるところに影響が大きく，下車し観光行動が始まりやすいことがわかる．

4）その結果，中間駅の地域にも観光資源が整備され，観光列車と地域観光が連携し，活性化するようになる．これらは，観光資源の有無からみた地域と列車の関係の共進化モデルとしてとらえられることがわかる．

# 第1章

# 日本における鉄道事業の現状と
# 近年の地方鉄道問題

## 1-1. 需要面からみる我が国の鉄道事業の現状

　我が国には稠密な鉄道網が見られていることからもわかるように，旅客・貨物を合わせ多くの鉄道事業者が存在している．特に本研究では旅客鉄道に着目し，且つ地方圏の鉄道を対象とするが，まずは全体的な旅客鉄道輸送の推移を概観する．

### （1）需要の推移―全体
　JRと民鉄それぞれの旅客輸送量について，国土交通省の「鉄道輸送統計調査」より見てみると，JRと民鉄の双方において，定期需要・定期外需要ともに増加傾向で推移していることがわかる（図1-1，図1-2）．我が国では人口減少といった社会的要因が見られるものの，日本全体の鉄道需要という側面においては堅調な推移を見せていると言えよう．

### （2）需要の推移―都市圏
　大都市圏を事業エリアの中心とする大手民鉄に限ってみても，定期需要・定期外需要ともに需要が停滞していた2000年代後半以降は増加傾向を示しており，特に，定期外需要においては1987年度を100とすると，2018年度には132となっているなど顕著な成長を見せている．2018年度の鉄軌道業の営業利益は大手民鉄に属している全事業者で黒字である（一般社団法人日本民営鉄道協会，2019）.

## （3）需要の推移—地方

　その一方で，地方圏を事業エリアの中心とする鉄道事業者においては経営が厳しい状況となっている．例えば，国土交通省が定義している地域鉄道事業者（新幹線，在来幹線，都市鉄道に該当する路線以外の鉄道路線）96事業者中，69事業者で2018年度の鉄軌道業の経常収支が赤字となっており，比率として72％にも上る（国土交通省，2019a）．JRグルー

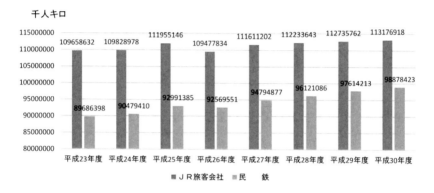

図1-1　定期輸送の推移

出所：鉄道輸送統計調査より著者作成．

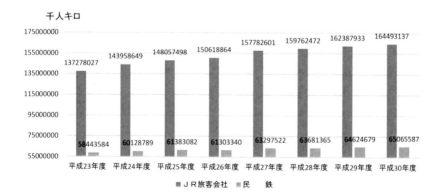

図1-2　定期外輸送の推移

出所：鉄道輸送統計調査より著者作成．

プに目を向けてみても，JR北海道の経営難の問題は記憶に新しく，JR四国においても，2013年〜2017年の平均では本州と四国を結ぶ本四備讃線以外は全て赤字路線である（JR四国，2019）．

　こうした現況からもわかるように，地方圏の鉄道事業の運営は民間企業にとって極めて厳しいものと言えよう．

## 1-2．地方鉄道の定義

　本研究で対象とする鉄道事業者や地域は，活性化が喫緊に要請されているところである．こうした地方圏を対象とした鉄道事業者の区分には，国土交通省が定義する「地域鉄道」や，『鉄道統計年報』で見られる「地域旅客鉄道」などが挙げられることから，本研究では，「地域鉄道事業者の有する路線，JRの地方交通線をはじめとした経営が困難な，あるいはその可能性のある路線」を地方鉄道と定義して議論を進めていく．

## 1-3．近年の地方鉄道問題の推移

### （1）「改正鉄道事業法」施行による競争原理の導入

　2000年の「改正鉄道事業法」施行により，「需給調整規制」が廃止となる．鉄道事業への新規参入について，従来の免許制から許可制への移行，運賃規制の緩和などが行われるようになった[1]．この改正は，競争原理の導入により鉄道事業を活性化させ，サービス向上に資することを目的としていた．また，鉄道事業からの撤退に関しても，従来の許可制から届出制に変更されたことにより，廃止予定日の1年前までに届出さえすれば，沿線地域の同意を得ることなく廃止が可能となった．つまり，鉄道事業からの撤退障壁が大きく下がったのである．

　運輸政策審議会鉄道部会（1998）が「最大限の努力にも関わらず収支採算の確保が困難な鉄道路線は，前述したように，一般的に需要が小さく，鉄道輸送サービスの持つ優位性を十分に発揮できない状況にある．また輸送コスト面でもバス等の自動車輸送の方が経済的であるのが通例

であり，これらは，より適切な輸送モードへの転換を図ることが適当である」と示しているように，効率化し「身の丈に合った」輸送モードへの転換を促すことは改正鉄道事業法の目的の1つであった．バス代替が困難な場合等，鉄道廃止時の輸送モードの確保ができない場合は国や地方自治体が助成するとしながらも，それは適切な交通機関による代替輸送が可能になるまでの措置としていたことから，効率化に主眼が置かれていたことは明らかである．結果として，民鉄を中心に，鉄道事業からの撤退や不採算路線の廃止が増加した（表1−1）．

## （2）2007年以降の動き

こうした中，2007年10月，「地域公共交通の活性化および再生に関する法律（以下，地域公共交通活性化・再生法）」が施行される．同法第23条の「鉄道事業再構築事業」（上下分離等）は地方鉄道支援のスキームの1つである．また，翌年には「地域公共交通活性化・再生総合事業」が創設，2013年には「交通政策基本法」が制定・施行された．

鉄道への助成の動きに着目すると，1990年代から2000年代にかけての不採算の私鉄事業者に対する助成金は年間20億〜30億円程度の水準であったが，2011年度以降，「地域公共交通確保維持改善事業」に対する政府助成額は300億円規模に拡大し，それに加えて，東日本大震災の経験から鉄道助成の対象が鉄道施設の老朽化対策にまで拡大した（斎藤，2019）[2]．その一方で，転換鉄道を引き継いだ鉄道事業者に対して実施されていた開業後5年間限定で行われる開業費・運営費の助成は2007年度に終了となった．このように終了した助成制度があるとはいえ，全体的に政府からの助成額は増額し，地方鉄道に対する見方は変わってきていると言える．経営環境自体は人口減少・少子化で厳しい状況が続くが，その中でも地方鉄道の重要性が再認識された形とも言える[3]．実際に，表1−1からもわかるように，「地域公共交通活性化・再生法」の施行後はそれまでと比べて廃止のペースが緩やかになっており，2014年以降に限定すると，2016年の阪堺電気軌道の住吉〜住吉公園間を除くとその他は全てJRの路線となっている[4]．

## 表1-1　2000年以降廃止路線一覧（2020年6月現在）

| 営業廃止年月日 | 事業者名 | 路線名 | 区間 | 営業キロ(km) |
|---|---|---|---|---|
| 2000.11.26 | 西日本鉄道 | 北九州線 | 黒崎駅前～折尾 | 5 |
| 2001. 4. 1 | のと鉄道 | 七尾線 | 穴水～輪島 | 20.4 |
| 2001. 4. 1 | 下北交通 | 大畑線 | 下北～大畑 | 18 |
| 2001.10. 1 | 名古屋鉄道 | 揖斐線 | 黒野～本揖斐 | 5.6 |
| 2001.10. 1 | 名古屋鉄道 | 谷汲線 | 黒野～谷汲 | 11.2 |
| 2001.10. 1 | 名古屋鉄道 | 八百津線 | 明智～八百津 | 7.3 |
| 2001.10. 1 | 名古屋鉄道 | 竹鼻線 | 江吉良～大須 | 6.7 |
| 2002. 4. 1 | 長野電鉄 | 河東線 | 信州中野～木島 | 12.9 |
| 2002. 5.26 | 南海電気鉄道 | 和歌山港線 | 和歌山港～水軒 | 2.6 |
| 2002.10.21 | 京福電気鉄道 | 永平寺線 | 東古市～永平寺 | 6.2 |
| 2002. 8. 1 | 南部縦貫鉄道 | 南部縦貫鉄道線 | 野辺地～七戸 | 20.9 |
| 2003. 1. 1 | 有田鉄道 | 有田鉄道線 | 藤並～金屋口 | 5.6 |
| 2003.12. 1 | JR西日本 | 可部線 | 可部～三段峡 | 46.2 |
| 2004. 4. 1 | 名古屋鉄道 | 三河線 | 碧南～吉良吉田 | 16.4 |
| 2004. 4. 1 | 名古屋鉄道 | 三河線 | 猿投～西中金 | 8.6 |
| 2005. 4. 1 | 名古屋鉄道 | 揖斐線 | 忠節～黒野 | 12.7 |
| 2005. 4. 1 | 名古屋鉄道 | 岐阜市内線 | 岐阜駅前～忠節 | 3.7 |
| 2005. 4. 1 | 名古屋鉄道 | 美濃町線 | 徹明町～関 | 18.8 |
| 2005. 4. 1 | 名古屋鉄道 | 田神線 | 田神～競輪場前 | 1.4 |
| 2005. 4. 1 | 日立電鉄 | 日立電鉄線 | 常北太田～鮎川 | 18.1 |
| 2005. 4. 1 | のと鉄道 | 能登線 | 穴水～蛸島 | 61 |
| 2006. 4.21 | 北海道ちほく高原鉄道 | ふるさと銀河線 | 池田～北見 | 140 |
| 2006.10. 1 | 桃花台新交通 | 桃花台線 | 小牧～桃花台東 | 7.4 |
| 2006.12. 1 | 神岡鉄道 | 神岡線 | 猪谷～奥飛騨温泉口 | 19.9 |
| 2007. 4. 1 | くりはら田園鉄道 | くりはら田園鉄道線 | 石越～細倉マインパーク前 | 25.7 |
| 2007. 4. 1 | 鹿島鉄道 | 鹿島鉄道線 | 石岡～鉾田 | 27.2 |
| 2007. 4. 1 | 西日本鉄道 | 宮地岳線 | 西鉄新宮～津屋崎 | 9.9 |
| 2007. 9. 6 | 高千穂鉄道 | 高千穂線 | 延岡～槙峰 | 29.1 |
| 2008. 4. 1 | 島原鉄道 | 島原鉄道線 | 島原外港～加津佐 | 35.3 |
| 2008. 4. 1 | 三木鉄道 | 三木線 | 三木～厄神 | 6.6 |
| 2008.12.27 | 名古屋鉄道 | モンキーパークモノレール線 | 犬山遊園～動物園 | 1.2 |
| 2008.12.28 | 高千穂鉄道 | 高千穂線 | 槙峰～高千穂 | 20.9 |
| 2009.11. 1 | 北陸鉄道 | 石川線 | 鶴来～加賀一の宮 | 2.1 |
| 2012. 4. 1 | 十和田観光電鉄 | 十和田観光電鉄線 | 十和田市～三沢 | 14.7 |
| 2012. 4. 1 | 長野電鉄 | 屋代線 | 屋代～須坂 | 24.4 |
| 2014. 4. 1 | JR東日本 | 岩泉線 | 茂市～岩泉 | 38.4 |
| 2014. 5.12 | JR北海道 | 江差線 | 木古内～江差 | 42.1 |
| 2016. 1.31 | 阪堺電気軌道 | 上町線 | 住吉～住吉公園 | 0.2 |
| 2016.12. 5 | JR北海道 | 留萌本線 | 留萌～増毛 | 16.7 |
| 2018. 4. 1 | JR西日本 | 三江線 | 江津～三次 | 108.1 |
| 2019. 4. 1 | JR北海道 | 夕張支線 | 新夕張～夕張 | 16.1 |
| 2020. 4. 1 | JR東日本 | 大船渡線 | 気仙沼～盛 | 43.7 |
| 2020. 4. 1 | JR東日本 | 気仙沼線 | 柳津～気仙沼 | 44.3 |
| 2020. 5. 7 | JR北海道 | 札沼線 | 北海道医療大学～新十津川 | 47.6 |

著者作成．第3セクターへの移管など，異なる事業者により鉄道事業がひきつがれたケースは除いている．

但し，JRの有するローカル線についても厳しい状況にあることには変わりはなく，近年は自然災害により被災し，復旧費用の折り合いがつかずに廃止・バス（BRT）転換に繋がるケースが生じており，その例としては，JR九州の日田彦山線（添田～夜明）やJR北海道の日高本線（鵡川～様似）などが挙げられる．特に，JR北海道については，2016年11月に同社の有する路線網の約半分が維持困難であることを公表するなど，JRにおける地方路線の存廃問題が見られている．

## 1-4．地方鉄道の最新の旅客実態

　地方鉄道を取り巻く環境は現在もなお厳しいと言えるが，ここ10年前後に限って見ると，地方鉄道の旅客はこれまでの減少傾向とは異なる動きを見せている．2008年度から2017年度の10年間の中小民鉄の総営業キロで除し基準化した形での輸送人キロ・運輸収入の推移を図1-3，図1-4にそれぞれ記載している．これらの図より，輸送人員と運輸収入の推移はほぼ同じような動きを見せており，特にここ3年に関しては営業キロが殆ど変化のない中で輸送人員・運輸収入ともに増加傾向を示していることがわかる．その一方で輸送人キロの指標については営業キロの変化が見られているにもかかわらずほぼ横ばいとなっている．

　しかしながら，2020年に入ってからは新型コロナウィルス感染症の拡大の影響から各鉄道事業者で需要の大幅な落ち込みが見られており，とりわけ地方鉄道事業者の中でも定期外旅客に依存している，即ち観光利用客に依存している傾向のある鉄道事業者においては，極めて厳しい状況となっていることにも留意しなければならない．

## 1-5．地方鉄道への支援制度

### （1）支援制度の概要

　2020年4月現在設定されている，地方鉄道事業者に対する国の支援制度を表1-2にまとめている[5]．国による支援制度の特徴として，設備面

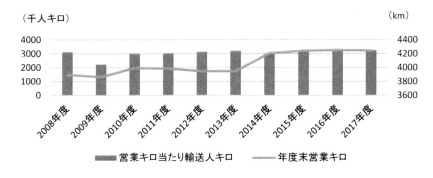

図1-3　中小民鉄の営業キロ当たり輸送人キロの推移

出所：「鉄道統計年報」より著者作成．

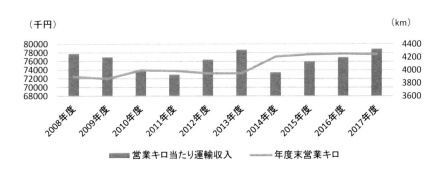

図1-4　中小民鉄の営業キロ当たり運輸収入の推移

出所：図1-3に同じ．

の改良を目的にしていることが挙げられよう．より安全運行に資する設備改良に加え，インバウンドへの対応を考慮した各種設備に係る支援制度が幾つか存在している等，インバウンドの誘致を始めとする観光目的の定期外利用者の獲得を経営戦略の一環として導入することを促進するものがある．

　経営が困難な鉄道事業者に対する支援制度としては，運営費の欠損補助という方法も存在し，過去には行われていたが，1997年度限りで打ち

切りとなり現在行われていない.

　この他，税制面においても固定資産税減免等の措置が取られている
ケースがある．例えば，「地域公共交通確保維持改善事業」等により取
得した安全性向上設備については固定資産税が5年間に限り1/3に（適
用期限は2021年3月末日），後述する「鉄道事業再構築事業」により取
得した固定資産は固定資産税・都市計画税が5年間に限り1/4となる
（適用期限は2022年3月末日）[6].

## （2）鉄道事業再構築事業

　「鉄道事業再構築事業」とは，鉄道事業の運営の継続が困難，または
困難となる恐れがあると認められた鉄道事業を対象に，経営改善を図る
とともに，関係自治体の支援を受けつつ，「公有民営」方式による上下
分離などの運営形態の変更を行うことにより，当該路線における輸送の
維持を図ることを目的としている制度である．国土交通大臣による計画
の認定を受けることにより，運営形態の変更に必要な法的手続きの簡素
化等の特例措置[7]や，先述した予算・税制特例（固定資産税，都市計画
税が5年間1/4に減免）等の総合的なパッケージによる支援措置が講
じられ，2020年5月現在，10のケースが認定されている（表1−3）.

　さて，上下分離方式には幾つかのパターンがあり，2020年5月現在，
鉄道事業再構築事業においては4つのパターンの上下分離方式が採られ
ている．鉄道施設を保有している自治体は，それに係る設備投資や修繕
費も負担しており，鉄道事業者が鉄道施設を保有するCパターンを採用
しているケースにおいても，支援自治体が鉄道事業者に対して，修繕費
等の補助を行っている．特に，三陸鉄道については，関係自治体が修繕
費等を負担する「コスト上の上下分離」が実施されている.

## 表1-2　地方鉄道に対する国の支援制度一覧

| 鉄道施設総合安全対策事業費補助（鉄道軌道安全輸送設備等整備事業） | |
|---|---|
| 概要 | 安全な鉄道輸送を確保するために地域鉄道事業者が行う安全性の向上に資する設備の更新等を支援. |
| 補助対象事業者 | 鉄軌道事業者 |
| 補助率 | 1/3等 |
| 補助対象設備 | レール, マクラギ, 落石等防止設備, ATS, 列車無線設備, 防風設備, 橋りょう, トンネル等 |

| 地域公共交通確保維持改善事業費補助金（鉄道軌道安全輸送設備等整備事業） | |
|---|---|
| 概要 | 安全な鉄道輸送を確保するために地域鉄道事業者が行う安全性の向上に資する設備の更新等を支援. |
| 補助対象事業者 | 鉄軌道事業者 |
| 補助率 | 1/3等 |
| 補助対象設備 | レール, マクラギ, 落石等防止設備, ATS, 列車無線設備, 防風設備, 橋りょう, トンネル, 車両等 |

| 地域公共交通確保維持改善事業費補助金（利用環境改善促進等事業） | |
|---|---|
| 概要 | 利用者の移動に係る利便性の向上や利用環境の改善を図るため, LRTシステムの整備等を支援. |
| 補助対象事業者 | 鉄軌道事業者 |
| 補助率 | 1/3等 |
| 補助対象設備 | LRT整備計画に基づき実施されるLRTシステムの整備に要する経費（低床式車両（LRV）, 停留施設, 制振軌道等） |
| 備考 | 訪日外国人旅行者受入環境整備緊急対策事業費補助金（交通サービスインバウンド対応支援事業（LRT））についても上記と同様である. |

| 訪日外国人旅行者受入環境整備緊急対策事業費補助金（交通サービスインバウンド対応支援事業（ICカード）） | |
|---|---|
| 概要 | 訪日外国人旅行者等の移動に係る利便性の向上の促進を図るため, ICカードの導入等を支援. |
| 補助対象事業者 | 鉄軌道事業者 |
| 補助率 | 1/3 |
| 補助対象設備 | 全国相互利用可能なICカードの利用を可能とするシステム, ロケーションシステム（多言語表記などを行うもの）等 |

| 訪日外国人旅行者受入環境整備緊急対策事業費補助金（インバウンド対応型鉄軌道車両整備事業） | |
|---|---|
| 概要 | 訪日外国人旅行者等の移動に係る利便性の向上の促進を図るため, 地域鉄道事業者が行う鉄軌道車両設備の整備等を支援. |
| 補助対象事業者 | 鉄軌道事業者 |
| 補助率 | 1/3 |
| 補助対象設備 | 車両（但し, 車内案内表示, 車内案内放送, 車体の行先表示の多言語化により, インバウンド対応を実施する車両） |

| 幹線鉄道等活性化事業費補助（形成計画事業） | |
|---|---|
| 概要 | 地域公共交通活性化・再生法に基づく地域公共交通網形成計画の枠組みを活用し鉄軌道利用者の利便性向上のための施設整備を支援. |
| 補助対象事業者 | 法定協議会, 第三セクター等 |
| 補助率 | 国：1/3, 地方：1/3 |
| 補助対象設備 | 輸送ニーズに対応した駅・路線の再配置, ダイヤ改正・増便等に必要な施設の整備等 |

| 鉄道事業再構築事業 | |
|---|---|
| 概要 | 継続が困難, 又は困難となる恐れがある旅客鉄道事業について, 事業構造の変更により資産保有の費用負担を軽減する取り組みを支援. |
| 補助対象事業者 | 鉄道事業者 |
| 補助率 | 1/3または1/2 |
| 補助対象 | 安全に関する設備や, 活性化に著しい効果が期待できる設備投資. |
| 備考 | 上下分離等, 鉄道事業法の特例が認められる. |

出所：国土交通省ホームページ（http://www.mlit.go.jp/tetudo/tetudo_tk5_000001.html）より著者作成（2020年5月1日最終アクセス）.

表1-3　鉄道事業再構築事業の認定ケース

| 認定年月日 | 再構築事業実施路線 | 再構築事業開始後の運営事業者 | 支援自治体 | 事業形態 |
|---|---|---|---|---|
| 2009. 2.24 | 福井鉄道　福武線 | 変更なし | 福井県, 福井市, 鯖江市, 越前市 | C |
| 2009. 3.13 | 若桜鉄道　若桜線 | 変更なし | 若桜町, 八頭町 | A |
| 2009.11.30 (2014. 3.28) | 三陸鉄道 北リアス線・南リアス線 | 変更なし | 久慈市, 野田村, 普代村, 田野畑村, 岩泉町, 宮古市, 釜石市, 大船渡市, 洋野町, 山田町, 大槌町, 陸前高田市, 岩手県 | C |
| 2013. 3. 4 | 信楽高原鐵道　信楽線 | 変更なし | 滋賀県, 甲賀市 | A |
| 2015. 3.11 | 北近畿タンゴ鉄道 宮福線・宮津線 | WILLER TRAINS（株） | 京都府, 兵庫県, 福知山市, 舞鶴市, 宮津市, 京丹後市, 伊根町, 与謝野町, 豊岡市 | D |
| 2015. 3.11 | 近畿日本鉄道 内部線・八王子線 | 四日市あすなろう鉄道（株） | 四日市市 | B |
| 2016.11.14 | 山形鉄道 フラワー長井線 | 変更なし | 長井市, 南陽市, 白鷹町, 川西町 | C |
| 2017. 3.15 | 伊賀鉄道　伊賀線 | 変更なし | 伊賀市 | A |
| 2017.12.21 | 養老鉄道　養老線 | 変更なし | 大垣市, 海津市, 養老町, 神戸町, 揖斐川町, 池田町, 桑名市 | A |
| 2019. 1.31 | 三陸鉄道 北リアス線・リアス線・南リアス線 | 変更なし | 久慈市, 野田村, 普代村, 田野畑村, 岩泉町, 宮古市, 釜石市, 大船渡市, 洋野町, 山田町, 大槌町, 陸前高田市, 岩手県 | C |

出所：表1-2に同じ.
伊賀鉄道伊賀線について, 近畿日本鉄道（株）が支援自治体の伊賀市に鉄道施設・車両を無償譲渡, 用地を無償貸与し, その上で伊賀市が伊賀鉄道（株）に鉄道施設・車両および用地を無償貸付するスキームとなっている.

## （3）JR北海道・JR四国に対する支援措置

　国鉄分割民営化の際, 経営が厳しくなると予想されたJR北海道・JR四国・JR九州には経営安定基金と税制特例措置が設定された. 経営安定基金の額はJR北海道には6822億円, JR四国には2082億円, JR九州には3877億円となっており, そのうちJR九州は株式上場を果たしたため, 現在はJR北海道とJR四国の２社が経営安定基金による運用益を得ていることになる. しかし, 経営安定基金の運用益はバブル崩壊の後, 悪化の一途をたどり, 当初想定されていた利回りから大きく低下している.

　２社に対する税制特例措置としては, 事業用固定資産について固定資産税並びに都市計画税が１／２に, 国鉄から承継した固定資産について固定資産税並びに都市計画税が３／５に（適用期限はともに2022年３月末日）, 資本割について法人事業税が資本金の２倍を越える金額を控除する措置（適用期限は2024年３月末日）がそれぞれ採られている.

## 1）JR北海道

　2011年度から，国は「鉄道・運輸機構特例業務勘定の利益剰余金等を活用した支援」として実質的な経営安定基金への2200億円の積み増しを行った．この支援では，経営安定基金の積み増しのみならず，老朽化した設備の更新を目的とした支援として300億円の助成金交付と300億円の無利子貸与も設定された．

　しかし，JR北海道は車両トラブルや軌道変位の放置といった問題を抱えていたことから，これらを解消するための設備投資へのコストが極めて大きかったという背景があり，2016年度から国は新たに設備投資600億円（300億円の助成金と300億円の無利子貸与），修繕費600億円（無利子貸与）の総額1200億円の追加支援を実施した．また，2019年度と2020年度の2年間で416億円，2021～2023年度にかけて1302億円の支援が行われている．低需要路線における鉄道施設および車両への設備投資および修繕，貨物列車走行線区における貨物列車走行に必要な設備投資および修繕，青函トンネルの維持管理を使途とした部分については全額助成されることとなっている[8,9]．

## 2）JR四国

　JR北海道と同様，2011年度に実質的な経営安定基金への積み増しとして1400億円の貸付が，設備投資への支援として200億円の助成金と200億円の無利子貸与がそれぞれ行われた．また，2016年度には設備投資資金を対象とした112億円の支援（助成金と無利子貸与が56億円ずつ）および，88億円の修繕費（無利子貸与）の支援が実施され[10]，2021～2025年度にかけても1025億円の支援が実施されている．

　こうした各種支援制度を活用することにより，特急用の新型車両の製造，駅舎の耐震化，PCマクラギへの更新，保守作業車両の更新，ICカードの導入，電気設備の更新などが実施されている．

## 1-6．地方鉄道が有する課題

### （1）コスト削減面

　ここまで見てきたように，地方鉄道に対する国による支援制度は，ハード面への補助が一般的となっており，上下分離方式によるインフラ管理主体と列車運行主体の分離も含め，鉄道運営に係るコストを如何に軽減するかに主眼が置かれている．鉄道事業は固定が莫大であることから費用逓減産業という特性を有しているため，市場にゆだねていると社会的に最適な資源配分とならない（例えば，山内・竹内，2002；衛藤・大井・後藤編，2018など）．この点から，インフラ部分にかかるコストを支援するという制度は理に適っているとも指摘できる．

### （2）収入増加面

　こうした支援制度はコスト負担の低下につながるが，当然ながら鉄道事業を運営していくには運輸収入を確保する必要がある．しかし，運輸収入を増加させるにしても，地方圏において顕著にみられる人口減・少子化といった要因から沿線人口の低下を招いているケースが多く，利用者の増加を簡単に達成することは難しい．つまり，如何にして需要を掘り起こすかという鉄道事業者のアイデアや努力が重要と指摘できる．実際に国土交通省は2013年度に「地域鉄道の再生・活性化モデル事業の検討調査報告書[11]」を刊行するなど，各事業者の取り組みを調査・紹介することでその一助を担っている．

## 1-7．小括

　本章では，日本の鉄道事業の最大の課題の一つである地方鉄道のかかえる課題について概観した．近年の地方鉄道問題としては，「改正鉄道事業法」施行により，民鉄の廃止が増加した．しかしその後は，関係自治体の支援を受けつつ「公有民営」方式による上下分離などの運営形態の変更を行うことにより当該路線における輸送の維持を図ることを目的

としている地方鉄道支援のスキームの 1 つである「鉄道事業再構築事業」の実施などにより，地方鉄道の廃止に歯止めがかかっている動きが見られる．

　しかしこれらの支援も，国および地元の財政的な支出をともなうものであり，且つすべての地方鉄道に適用できるサスティナブルなものではない側面もあることから，次に，先行研究をふまえ，今後の政策を検討する．

## 注

[1] 日本の場合，上下分離政策やオープンアクセスを実施しているEU諸国などとは異なり，鉄道事業への参入への費用が大きいことから，需給調整規制の撤廃がもたらす影響は小さいものと想定され，実際に旅客鉄道事業への競争的参入の事例は殆ど表れなかった（斎藤，2019）．

[2] 地方鉄道に対する助成金は増加してきているが，整備新幹線に対する女性学が国費と基金負担の合計で年間1500億円近く，地下鉄整備も1990年代は700億円を超えていた（斎藤，2019）．

[3] 少子化等の社会経済的要因に加えて，2020年に発生した新型コロナウィルスによる需要低下といった外的要因は，地方鉄道事業者のみならず，鉄道事業者全体を厳しい経営環境に直面させている．

[4] JR東日本の 2 路線については東日本大震災の影響で不通となりBRTで復旧した区間が正式に廃止となった．

[5] 国土交通省は「地域鉄道事業者」という名称を用いている．

[6] https://www.mlit.go.jp/common/001339588.pdf（2020年 9 月21日最終アクセス）

[7] 現行の鉄道事業法では，「公有民営」方式の上下分離は実施できないことによる．

[8] JR北海道（2019）「JR北海道の「経営自立」をめざした取り組み」https://www.jrhokkaido.co.jp/corporate/mi/vision/20190408-01.pdf（2020年 5 月 4 日最終アクセス）

[9] 国土交通省「JR北海道・JR四国等に対する支援について」https://www.mlit.go.jp/report/press/content/001380813.pdf（2021年 5 月19日最終アクセス）

[10] JR四国（2019）「四国における鉄道ネットワークのあり方に関する懇談会 II　JR四国資料」https://www.jr-shikoku.co.jp/04_company/information/shikoku_trainnetwork/4-2.pdf（2020年 5 月 4 日最終アクセス）

[11] http://www.mlit.go.jp/common/001064372.pdf（2020年 4 月30日最終アクセス）

# 第2章

# 地方鉄道問題に対する政策に関する
# これまでの検討

## 2-1. 経済学的立場から

　宇都宮（2017）は，近江鉄道・富山ライトレール・若桜鉄道を対象に，バスを基準にした鉄道のプレミアム価値をCVM調査[1]により捕捉し，鉄道のバスに対する沿線住民の金銭価値が10〜20％高いことを示している．併せて増便時の価値の高まりも見られたことから，鉄道の利便性を高めることは社会的便益として無視できない金額になると論じている．

　鉄道事業者支援政策の1つとして実施されている「上下分離」の実施に加え，通常は鉄道事業者が負担している通学定期割引分を公的機関が補填することを政策として実施した場合の経営改善効果を試算した研究に渡邉・藤井（2014）がある．地方鉄道81社を分析し，うち赤字60社のうち，通学定期補助＋上下分離で，38社，約7割が営業損益の黒字化を達成すると論じている．

　地方鉄道の特性を主成分分析によって捉え地方鉄道の支援政策について議論した研究も幾つかあり，菅原（1986）は，国鉄の第1・2次廃止対象線区および地方民鉄10路線を対象に分析し，幾つかの線区においては地方民鉄と同様の努力を行うことで存続させうる可能性が示唆されているとした．古川他（2007）は，2000年3月の鉄道事業法改正の前後における鉄道事業者の変化の把握を試み，全体的に健全性が失われつつあること，および現行の輸送特性を生かす経営方針を採ることで健全性が増す可能性があることを明らかにした．高橋（2012）は，廃止となった鉄道路線は運行本数の削減等のサービス水準の低下が廃止の決定打となった可能性を示唆し，その上で，①サービス水準の向上などを通じた

定期外旅客の獲得，②規制緩和・災害復旧などの面での公的支援の2つの策を地方鉄道の振興策の方向性として示した．

　同様に地方鉄道の支援政策について森川・岡本（2015）は，長期の時系列変化から輸送量の規定要因が沿線人口だけではないことを明らかにした上で，今後利用者を増加させ運輸収入のみで経営を成り立たせるのはこれまで以上に難しいこと，および鉄道事業の継続には上下分離方式が有用な方策であることを営業収支の分析から指摘している．

　一方，竹田・和田（2006）は，上田電鉄別所線と秋田内陸縦貫鉄道線を事例としたCVM調査の結果を踏まえた上で費用便益分析を実施したところ，上田電鉄では鉄道の方が大きい便益を示した一方で，閑散路線である秋田内陸縦貫鉄道線ではバスの方が，純便益が大きくなることが示された．これより，鉄道存続のバス代替への優位性は，便益差から人口希薄な秋田では支持されないことを示した．人口密度が低い等鉄道の優位性が発揮できない地域では鉄道事業の経営が非常に厳しいことを示唆している．

　地方鉄道の費用面に着目した研究として，大井（2007）は，地方鉄道事業者の費用構造を定量的に分析しており，第3セクター事業者の費用は民営事業者よりも低水準であったこと，修繕費やその他費用で第3セクターと民営事業者との間に差が見られたことを明らかにし，その上で，費用関数分析により，所有形態による費用の差は有意ではなく，所有形態よりも雇用など制度面等の影響が費用の差異に繋がっていることが示唆された．吉川（2015）は，技術効率性に着目した分析を行い，第3セクターとそれ以外の地方私鉄との間には技術効率性の平均に有意な差がないことを明らかにしている．

　また，地方鉄道の存廃問題に着目し，その要因や外部性について定量的に明らかにした研究も行われている．板谷（2014）は判別分析により輸送密度，財政力指数，人口および軌道線ダミーが存廃に関係していることを明らかにした．こうした指標が廃線にも影響している一方で，鉄道には単に交通手段としてだけではない外部性があるとも考えられている．実際に，地方鉄道においては，廃止駅周辺の若年人口や定住者の減

少率が存続している地方鉄道[2]のそれよりも有意に大きいことや，特定
の年齢層の社会増減に差が見られていることが明らかとなっている（坂
本・山岡，2017；松中・大庭・植村，2020）．

## 2-2．経済学以外の立場から

　経済学とは異なる立場から実施された地方鉄道を対象とした研究も少
なくない．例えば，地方鉄道経営について定性的に論じている研究とし
て，那須野（2015）や坂本・大野（2020），古平（2014）などが挙げら
れる．

　那須野（2015）は，地域社会に対する外部効果を考慮した上で鉄道事
業を行うべきと指摘しており，しなの鉄道・IGR岩手銀河鉄道・肥薩お
れんじ鉄道を対象とした事例分析では，地方鉄道の活性化にとどまらず，
沿線地域を巻き込む形で地域活性化に取り組んでいる点が特徴的である
と論じている．

　坂本・大野（2020）は，長良川鉄道を事例に観光列車の導入やアウト
ドア・スポーツツーリズムの実施といった同鉄道の観光化に関する取り
組みや貨客混載の取り組みなどを示した上で，イールドマネジメントの
視点からフリー切符が収益拡大に寄与していることを明らかにした．そ
の上で，長良川鉄道では赤字はやむを得ないものという前提で，地域的
な役割を如何に果たしていくかが重要であると述べている．

　古平（2014）は，住民を交えた協働や意思決定の在り方が地方鉄道事
業者で見られていることを，しなの鉄道・万葉線・和歌山電鐵貴志川線
などの事例分析を行うことにより詳細に研究し，地域住民参画の面から
も価値あるという結論をえたことで，地方鉄道の社会的企業としての意
義の重要性を明らかにした．

　このように，地方鉄道を経営の視点で捉えた研究においては，鉄道事
業者単独での収益というよりも，沿線地域や沿線住民との関わりに代表
される地域社会という広い視点で鉄道事業を捉えるべきという共通した
結論が導き出されていることが見て取れる．ここで指摘した沿線住民と

の関わりという視点に着目した研究も見られており，鉄道の社会的価値を情報提供することにより，それに関する住民意識を変化させることを樽見鉄道の事例で明らかにした坂本・山岡・藤田（2016）や，のと鉄道能登線を事例に利用頻度と廃線後の廃止代替バスの利用頻度の変化状況に応じて，地域住民の意識に違いがあること，具体的には廃止代替バスの利用頻度がのと鉄道の利用頻度に比べて減少している住民は廃止代替バスの評価の低下に加え地域が衰退していると感じている傾向が強いことを明らかにした宮崎・高山（2012）などがある．

　地方鉄道の存廃問題に関する研究についても，経済学以外の視点で行われているものがあり，例えば魚住（2016）は，熊本地震の発生と南阿蘇鉄道の復旧過程について分析を行っており，道路復旧については応急復旧，本格復旧を裏打ちする諸制度が整えられている一方，鉄道はこうした制度がないという指摘をしている．

## 2-3．鉄道と観光に関する先行研究

　鉄道事業者は従来から観光産業に参入しており，私鉄事業者による沿線観光の開発は明治期から行われていたように，鉄道事業戦略の上でも観光産業への参入は極めて重要であった．

　老川（2017）で論じられているように，自社沿線で観光開発を実施した私鉄企業は多くあり，例えば日光への社寺参拝の観光客輸送で日本鉄道は大きな利益を上げた．こうした鉄道発展と観光開発についての研究は見られているが，先に挙げた老川（2017）の他，東急グループと西武グループで見られたリゾート開発について論じた広岡（2014）など，鉄道史の視点での研究となっている．

　こうした鉄道史の研究からもわかるように，従来は沿線地域で観光開発を実施し，その地域（観光地）への輸送を行うという形で，即ち観光地アクセスの役割として鉄道を捉えることが多かった．実際に，図師（2001）が「観光資源が非日常的なものであるためには日常生活を離れて，つまり交通手段（徒歩も交通手段である）を利用して観光資源にアプロー

チする必要がある．このとき本源的な需要は観光資源の観察ないし体験であるが，この需要が発生することによって派生的に発生するのが観光交通サービスに対する需要（図師，2001，p.98）」であると述べていることからわかるように，鉄道も含めた交通サービスは観光の文脈においては派生的需要であると指摘している．

## 2-4．先行研究の課題

### （1）先行研究の課題

　先行研究において，主として経済学的立場からの研究は地方鉄道の価値や特性の定量的な把握や，地方鉄道支援政策の検討，費用構造の分析が行われていることがわかる．これらの先行研究では，地方鉄道のプレミアム価値が明らかになった一方で，閑散路線においては鉄道事業の存続が極めて厳しいことも示唆されている．存続の方向性としては国や沿線自治体からの支援という方策も現在実施されているが，多くの自治体が財政難に陥っている中，こうした支援策の実行は厳しい側面があることが否定できない．また，渡邉・藤井（2014）は，上下分離と通学定期割引分の補助を実施した際の経営改善効果を試算しているが，裏を返せば約3割の鉄道事業者は経営が厳しい状況が続くということになり，公的支援による地方鉄道支援には限界があるものと指摘できる．

　その一方で，地方鉄道には社会的・文化的な意義があることが古平（2014）では論じられており，加えて，那須野（2015）や坂本・大野（2020）でも論じられているように，地方鉄道の経営の在り方としては，鉄道事業者単独ではなく沿線地域という地域社会を考慮した形で，即ち鉄道事業の有している外部効果を踏まえた上で事業経営を行う必要があるという指摘が見られている．地方鉄道のこうした側面に着目した研究は地方鉄道の特性を理解するために極めて重要な研究であるといえる．しかしながら，鉄道事業を実施するための採算性の側面までは踏み込まれていない．

## （2）定住人口，通勤通学トリップへのこだわり

　以上に挙げた先行研究の中でも，地方鉄道に関する先行研究は基本的に「地域輸送」を念頭に置いた形で進められていることがわかる．つまり，定住人口を想定した形で議論がなされているが，定住人口は減少傾向にあることを踏まえると，こうした地域輸送の観点では従来の状態から改善する可能性は低いものと言える．地域公共交通の衰退は地域住民，とりわけ移動制約者に多大な影響を与えるが，そうした背景故に，地域輸送という地域公共交通機関の役割だけで地方鉄道が抱えている課題を解決することには限界が存在すると言えよう．

## （3）交流人口・観光への注目

　そこで，この課題の解決のためには，「地域輸送としての地方鉄道の存廃」という議論ではなく，新たな手法による地方鉄道存続の可能性を図る必要があると思われる．その1つとして，別需要の開拓，すなわち，交流人口の増加を目指す観光開発が考えられる．実際に鉄道と観光の関係性に着目した研究として，これまで見てきたように，鉄道事業の発展における観光事業の役割（沿線観光資源の開発）について論じた研究が存在する．

## （4）列車自体の観光資源化

　しかし，新たな観光資源の開発は，もはや，多くの地域で極めて難しいと言えることから，鉄道そのものが観光資源として機能する必要が出てくる．これが本研究で分析する観光列車政策である．実際に鉄道の観光資源化について論じている研究は見られているものの（第4章で詳述），特性の把握や事例紹介にとどまっており，データによる定量的な分析や，地方鉄道の経営や地域活性化と結び付けた形での詳細な研究については進んでいないのが現状だと言える．

## （5）より精密な需要分析による現状把握

　そこで，本研究では，観光列車分析をおこなうまえに，地方鉄道の現

状を精緻に捉える．具体的には，これまでにない視点である「定期，定期外」の視点を考慮して「弾力性」分析を，運賃・列車本数等のサービス水準まで含めて行い，先行研究の視点をさらに進めて，課題を整理する．

**注**

1 CVM調査とは「仮想的市場評価法（Contingent Valuation Method）」を用いた調査方法のことで，アンケート調査を用いて人々に支払意思額などを尋ねることによって，市場で取り引きされていない財や効果の価値を計測する手法である．
2 分析上は地域鉄道事業者を対象としている．

# 第3章

# 地方鉄道の需要関数と弾力性分析
## ―観光，交流人口の観点を踏まえて

## 3-1. はじめに

### （1）研究目的

　本章の目的は，需要面から地方鉄道の現状を捉え，地方鉄道の維持振興に有用な提言を検討すること，および定期外を明示的に分析することにより，観光および観光列車の導入可能性を検討することである．

### （2）先行研究

　地方鉄道の需要面を対象とした研究には青木他（2006）が挙げられ，2000年度のクロスセクションデータを用いて分析を行い，運賃弾力性は−0.33と推計されている．また，地方鉄道の需要の増加要因として特急運行の有無や運行回数，沿線人口，駅数が挙げられているが，被説明変数を「1日当たり乗客数」としている等，問題も散見される[1]．

　山田・綿貫（1996）は，関西大手私鉄を対象に分析し，1975〜1992年の運賃弾力性の値は定期で−0.15〜−0.25，定期外で−0.3〜−0.9と推計された．金子他（2004）では関東大手私鉄各社の運賃弾力性が定期（通勤）では−0.14〜−0.41，定期外では−0.31〜−0.42と推計されたことから，都市鉄道においては全体的に定期外の弾性値の方が大きいことが窺える．また，地方圏の路線バスに関する需要分析を行った研究としては宇都宮（2013）が挙げられ，1985〜2009年における運賃弾力性をOLSと2SLSで推計でしたところ，それぞれ−0.45，−0.61との結果を得ている．

　海外においても交通需要関数の実証研究は多く，Dargay and Hanly（2002）は英国における路線バスの各種弾力性を推計し，大都市圏にお

ける短期運賃弾力性は-0.26，長期運賃弾力性は-0.54，地方圏におけ
る短期運賃弾力性は-0.49，長期運賃弾力性は-0.66との結果を示し，
大都市圏よりも地方圏において弾性値が絶対値で大きいことを明らかに
した．Small and Winston（1999）では米国における都市部の鉄道の需
要の運賃弾力性が-0.86，都市間の鉄道需要においては-1.20との結果
が得られ，Luk and Hepburn（1993）では豪州における鉄道の需要の
運賃弾力性が-0.35と推計された．さらに，Paully et al.（2006）は英国
を主とした世界各国の公共交通機関に関する需要の各種弾力性の研究結
果を収集し，バスと地下鉄の短期運賃弾力性の平均値はそれぞれ-0.38
～-0.42，-0.29～-0.30との結果を示した．

　交通需要（特に通勤・通学需要）の運賃弾力性は一般に非弾力的と考
えられており（斎藤，1978；山内・竹内，2002など），先行研究からも
概ねこの傾向であることが実証されている．しかし，我が国の地方鉄道
を対象とした研究は青木他（2006）に留まっていることから，近年の動
向に加え，時系列的な動きや外的要因（路線の一部廃止や災害等）によ
る影響を捉えきれていない．森川・岡本（2014）は時系列データの推移
から沿線人口だけが輸送量を規定する要因ではないことを示してはいる
が，その他の需要を規定する要因に関しては分析が加えられていない．
また，定期（通勤・通学），定期外の需要区分に応じた推計がなされて
いないという課題も見られている．そこで本章では，これまで需要分析
では試みられてこなかった，観光・交流人口の重要性から需要分析を再
検討するため，パネルデータを用いた地方鉄道の需要関数の推計を通勤・
通学・定期外の3区分で行う．

## 3-2．地方鉄道の需要関数

### （1）分析対象路線

　本章では2005年度～2014年度までの10年間のデータを用いる．分析対
象路線は『鉄道統計年報』の地方旅客鉄道分類からモノレール，新交通
システム[2]の運営事業者，期間内の廃止・新設路線および，三陸鉄道南

リアス線，黒部峡谷鉄道，嵯峨野観光鉄道および阿佐海岸鉄道[3]を除いた82路線（表3-1）である．

表3-1　分析対象82路線一覧

| | | | | | | | | | | | |
|---|---|---|---|---|---|---|---|---|---|---|---|
| 1 | 弘南鉄道 弘南線 | 2 | 弘南鉄道 大鰐線 | 3 | 津軽鉄道 | 4 | 三陸鉄道 北リアス線 | 5 | 福島交通 | 6 | 阿武隈急行 |
| 7 | 会津鉄道 | 8 | 秋田内陸 縦貫鉄道 | 9 | 由利高原鉄道 | 10 | 山形鉄道 | 11 | IGRいわて 銀河鉄道 | 12 | 青い森鉄道 |
| 13 | 長野電鉄 | 14 | しなの鉄道 | 15 | 上田電鉄 | 16 | アルピコ交通 | 17 | 北越急行 | 18 | 富山地鉄 鉄道線 |
| 19 | 北陸鉄道 石川線 | 20 | 北陸鉄道 浅野川線 | 21 | のと鉄道 | 22 | ひたちなか 海浜鉄道 | 23 | 鹿島臨海鉄道 | 24 | 関東鉄道 竜ケ崎線 |
| 25 | 関東鉄道 常総線 | 26 | 野岩鉄道 | 27 | 上信電鉄 | 28 | 上毛電気鉄道 | 29 | 秩父鉄道 | 30 | 流鉄 |
| 31 | 銚子電気鉄道 | 32 | 小湊鉄道 | 33 | いすみ鉄道 | 34 | 江ノ島電鉄 | 35 | 真岡鐵道 | 36 | わたらせ渓谷 鐵道 |
| 37 | 伊豆箱根鉄道 （大雄山線） | 38 | 箱根登山鉄道 | 39 | 富士急行 | 40 | 芝山鉄道 | 41 | 伊豆箱根鉄道 （駿豆線） | 42 | 伊豆急行 |
| 43 | 岳南電車 | 44 | 静岡鉄道 | 45 | 大井川鐵道 | 46 | 遠州鉄道 | 47 | 天竜浜名湖 鉄道 | 48 | 豊橋鉄道 渥美線 |
| 49 | 明知鉄道 | 50 | 長良川鉄道 | 51 | 三岐鉄道 | 52 | 伊勢鉄道 | 53 | 福井鉄道 | 54 | 愛知環状鉄道 |
| 55 | 樽見鉄道 | 56 | 東海交通事業 | 57 | えちぜん鉄道 | 58 | 近江鉄道 | 59 | 叡山電鉄 | 60 | 水間鉄道 |
| 61 | 北条鉄道 | 62 | 紀州鉄道 | 63 | 北近畿タンゴ 鉄道 | 64 | 信楽高原鐵道 | 65 | 一畑電車 | 66 | 広電宮島線 |
| 67 | 智頭急行 | 68 | 若桜鉄道 | 69 | 錦川鉄道 | 70 | 井原鉄道 | 71 | 高松琴平電気 鉄道 | 72 | 伊予鉄道 鉄道線 |
| 73 | 土佐くろしお 鉄道 | 74 | 甘木鉄道 | 75 | 筑豊電気鉄道 | 76 | 島原鉄道 | 77 | 熊本電気鉄道 | 78 | 南阿蘇鉄道 |
| 79 | 松浦鉄道 | 80 | 平成筑豊鉄道 | 81 | くま川鉄道 | 82 | 肥薩おれんじ 鉄道 | | | | |

著者作成．
注）事業者名は2014年度に準じている．

## （2）本研究におけるモデル

　ミクロ経済学において消費者は一定の予算制約の下で効用最大化行動を採るとされており，鉄道需要においても他の交通サービスの価格等を考慮した上で効用最大化を目的に行動することで需要が決定されるものと考えることができる．本稿ではモデルを対数線形モデルと仮定し推計を行っていく．前述の通り通勤，通学，定期外に区分し分析する[4]．

## 1）通勤，通学

$$\ln Q_{i,t} = a_i + \beta_1 \ln F_{i,t} + \beta_2 \ln G_{i,t} + \beta_3 \ln P_{i,t} + \beta_4 \ln Y_{i,t} + \beta_5 \ln S_{i,t} + \varepsilon_{i,t}$$

$Q$は輸送密度[5]，$F$は運賃，$G$はガソリン価格，$P$は沿線人口，$Y$は所得，$S$はサービス水準を示す1日当たり運行本数である．なお，沿線人口について，通勤は20～64歳，通学は15～19歳を対象とする．添え字は$i$が鉄道路線，$t$が年度を表す．

## 2）定期外
定期外需要のモデルのみ以下の通りとなる．

$$\ln Q_{i,t} = a_i + \beta_1 \ln F_{i,t} + \beta_2 \ln G_{i,t} + \beta_3 \ln P_{i,t} + \beta_4 DP_{i,t} + \beta_5 \ln Y_{i,t} + \beta_6 \ln S_{i,t} + \beta_7 TF_{i,t} + \beta_8 TS_{i,t} + \beta_9 TT_{i,t} + \varepsilon_{i,t}$$

$DP$は人口動態要因としての高齢者率（沿線人口に占める65歳以上人口の割合）で[6]，さらに，観光列車の導入効果も捉えるために，観光列車導入ダミー変数を設定する（表3-2）．観光列車は，地方鉄道で運行しているSL・トロッコ列車および，観光列車用として新造あるいは改造して運行している列車の16線区である（表3-3）．

ところで，分析年度内では，一部の路線においては部分廃止やJRからの経営移管に伴う延伸が行われている．この他にも災害等に伴う運休の影響や，サービス改善目的のダイヤ改正の実施も見られている．これらの要因に伴う需要の変動を捕捉するため，当該年度にはダミー変数を投入することで対応している（表3-4）．また，輸送密度が特異な動きを見せている愛知環状鉄道（2005年度定期外），わたらせ渓谷鉄道（2006年度通勤・通学），樽見鉄道（2006年度定期外）についてもダミー処理を行っている[7]．

## 表3-2　観光列車導入効果ダミー

| 変数名 | 概要 |
|---|---|
| 観光列車導入初年 | 導入1年目の観光列車が見られる年度に投入 |
| 観光列車導入2年目 | 導入2年目の観光列車が見られる年度に投入 |
| 観光列車導入3年目以降 | 導入3年目以降の観光列車が見られる年度に投入 |
| 観光列車導入3年目以降（1） | 分析期間全てにおいて「観光列車導入3年目以降」に該当する観光列車に対して投入 |
| 観光列車導入3年目以降（2） | 分析期間内に新たに導入された観光列車において当該列車3年目以降に投入 |

著者作成.

## 表3-3　サンプルとなる観光列車一覧

| | 観光列車名 | 運行事業者 | ダミー投入年度 |
|---|---|---|---|
| 1 | ストーブ列車 | 津軽鉄道 | 2005年度以降 |
| 2 | お座トロ展望列車 | 会津鉄道 | 2005年度以降 |
| 3 | SL パレオエクスプレス | 秩父鉄道 | 2005年度以降 |
| 4 | SLもおか | 真岡鐵道 | 2005年度以降 |
| 5 | トロッコわたらせ渓谷 | わたらせ渓谷鐵道 | 2005年度以降 |
| 6 | SLかわね路 | 大井川鐵道 | 2005年度以降 |
| 7 | ゆうすげ号 | 南阿蘇鉄道 | 2005年度以降 |
| 8 | 富士登山電車 | 富士急行 | 2009年度以降 |
| 9 | アルプスエキスプレス | 富山地方鉄道 | 2011年度以降 |
| 10 | トロッコわっしー | わたらせ渓谷鐵道 | 2013年度以降 |
| 11 | 丹後あかまつ | 北近畿タンゴ鉄道 | 2013年度以降 |
| 12 | おれんじ食堂 | 肥薩おれんじ鉄道 | 2013年度以降 |
| 13 | ろくもん | しなの鉄道 | 2014年度 |
| 14 | SL トーマス号 | 大井川鐵道 | 2014年度 |
| 15 | 丹後くろまつ | 北近畿タンゴ鉄道 | 2014年度 |
| 16 | 田園シンフォニー | くま川鉄道 | 2014年度 |

著者作成.

## 表3-4　ダミー変数一覧

| 変数名 | 投入年度 | 概要 |
|---|---|---|
| 延伸1 | 2010年度以降 | 青い森鉄道八戸〜青森間延伸 |
| 延伸2 | 2014年度 | しなの鉄道北しなの線開業 |
| 廃止1 | 2012年度以降 | 長野電鉄屋代線廃止 |
| 廃止2 | 2010年度以降 | 北陸鉄道石川線鶴来〜加賀一の宮廃止 |
| 廃止3 | 2008年度以降 | 島原鉄道島原外港〜加津佐廃止 |
| 災害1 | 2011年度 | 東日本大震災の影響（三陸鉄道） |
| 災害2 | 2011年度 | 東日本大震災の影響（阿武隈・ひたちなか・鹿島臨海） |
| 災害3 | 2013年度（定期外のみ）2014年度 | 台風による橋梁流出に伴う不通（信楽高原鐵道） |
| サービス向上1 | 当該年度 | ダイヤ改正による終電繰り下げ |
| サービス向上2 | 当該年度 | ダイヤ改正による他路線との接続改善 |
| 駆け込み需要 | 廃止前年度 | 廃止区間への駆け込み需要（定期外） |

著者作成.
注）災害2は2011年4月1日時点で運休区間が存在していた路線が該当している．災害3について，通勤・通学は定期券購入の影響が見られると考えられる2014年度に，定期外は2013・2014年度に投入している．

## （3）データの出所

　輸送密度は『鉄道統計年報』より算出した．運賃は同年報の通勤・通学・定期外旅客運輸収入を当該の旅客人キロで除した1人1kmあたりの平均運賃を採用している．1日あたり運行本数についても同年報を参照し，列車キロを営業キロおよび営業日数で除している．

　沿線人口は総務省「住民基本台帳に基づく人口，人口動態および世帯数調査」より当該路線の両端の駅が属する市町村の人口を合算している（市町村規模は2014年に準拠）．当該事業者の本社所在市町村が両端の駅に含まれていない場合，当該路線が本社所在市町村を経由しているときに限り本社所在市町村の人口を含めている[8]．所謂「平成の大合併」を経たことで市町村域が拡大し，経由するすべての市町村人口を合算すると過大推計になる恐れがあるためこのように設定した．反対に，分析年度中に政令指定都市に移行した都市が含まれている場合は，区政施行前の行政区域に設定している．

　所得は「県民経済計算」の1人当たり県民所得を，ガソリン価格は「小売物価統計調査」の当該項目を「自動車燃料消費量調査」「自動車輸送統計調査」の自家用車走行キロおよびガソリン使用量より推計した平均燃費で除した自家用車1台1kmあたりガソリン価格を採用した．運賃，所得，ガソリン価格に関しては県内総生産デフレーター（2005年基準）で実質化している．

## （4）係数符号条件の想定

　運賃は負，沿線人口と運行本数は正であることが想定される．所得に関しては，それが景気上昇の指標とすると通勤利用においては勤労者増加による鉄道需要の増加をもたらすと考えられる一方，所得上昇が自家用車へのシフトを促すとも考えられるため符号の想定はできない．通学利用については，所得上昇が自転車や徒歩から鉄道へシフトする可能性がある反面，通勤利用の自家用車へのシフトを促すのと同様に，親族による送迎に繋がる可能性もあることから符号の想定はできない．定期外利用は自家用車へのシフトにより負となる可能性がある．しかし，所得

の上昇に伴う購買行動の高まりが鉄道の需要増加に繋がる，また旅行目的での利用が増加するといったように正の符号となる可能性も存在するため符号の想定ができない．

　ガソリン価格について，通勤・定期外においてはガソリン価格の上昇は鉄道需要を増加させると考えられるが，定期外についてはガソリン価格上昇による購買行動の低下も想定されるため符号の想定ができない．通学需要に関してはガソリン価格上昇に伴う自家用車送迎からのシフトが見られる可能性もある一方，ガソリン価格とは無関係とも考えられる．したがって，想定符号は通勤需要では正，通学・定期外需要では事前想定ができない．

　また，定期外需要における観光列車に関する各種ダミー変数についてはいずれも正の符号が想定される．

## 3-3．需要関数の分析結果－運賃弾力性と値上げの採算性

### （1）モデルの特定化と内生性の除去
　本分析ではパネルデータを用いるため，各路線の差異が地理的条件などの固有のものか，ランダムなものかを考慮する必要があることからハウスマン検定を行ったところ，通勤では固定効果モデルが，通学・定期外では変量効果モデルが採択されている[9]．また，サービス水準（運行本数）に存在すると思われる内生性の問題を除去するために操作変数法（操作変数は1期前の運行本数）を用いている．

### （2）通勤
　通勤需要の分析結果は表3-5の通りである．需要の運賃弾力性は－1.037と推計された．
　したがって，負なので，もちろん運賃が上昇すれば，需要（客数）は減少する．問題は，それにより収入が増加するかどうかであるが，－1より大きいため，運賃上げて収入増は期待できない厳しい結果である．すなわち弾力性（絶対値）が大きく，運賃値上げに客が敏感に反応し，

逃げて行く度合いが大きいのである.

　これは，都市鉄道における通勤需要の運賃弾力性を推計した先行研究に比べて大きい値となっている．我が国では通勤費は企業負担が一般的だが，厚労省の調査によると，通勤手当制度のある企業は従業員者数300人以上の企業では83.6%，30人以上300人未満では78.6%，30人未満では69.7%となっており[10]，さらに，中小零細企業では通勤手当に限度額が設定されている，或いは通勤手当そのものがない傾向が窺える[11].

　平成26（2014）年経済センサス（基礎調査）によると，沿線人口に採用している173市区町村のうち94市町村において従業員1000人以上の企業は立地しておらず，従業員1000人以上企業の構成比が全国平均のそれを上回っている（即ち特化係数が1を上回る）市区町村は16市区町村に過ぎない．一方，従業員者数30人未満の企業の構成比が全国平均のそれを上回っている市区町村は129市区町村見られる．これらより，通勤費の一部或いは全額を負担している勤労者が少なくないため弾力的な値が算出されたものと推察される.

　運行本数の弾性値も1.838と極めて大きく，通勤利用客の増減は利便性に大きく左右される可能性が示唆されている．沿線通勤人口については有意とならなかったことから，通勤需要に限定した場合は先行研究と異なり，勤労者の増減が需要に影響するとは必ずしも言い切れない．したがって，自家用車に代表される他の交通手段が通勤手段の主流であることが示唆されている.

　サービス向上を示すダミー変数より，終電繰り下げ効果は見られた一方，他路線との接続改善効果は見られなかった．この結果は，JR特急への接続のし易さよりも地元の通勤利用に資するダイヤが利用者増に繋がるとした三菱UFJリサーチ＆コンサルティング（2018）と整合的である.

表3-5　分析結果（通勤）

| 通勤（固定効果モデル） | | | | | 通勤（変量効果モデル） | | | | |
|---|---|---|---|---|---|---|---|---|---|
| 説明変数 | 係数 | 標準誤差 | t値 | | 説明変数 | 係数 | 標準誤差 | t値 | |
| 通勤運賃 | -1.037 | 0.087 | -11.939 | *** | 定数項 | 0.914 | 2.879 | 0.318 | |
| ガソリン価格 | 0.441 | 0.057 | 7.775 | *** | 通勤運賃 | -0.933 | 0.085 | -11.025 | *** |
| 沿線通勤人口 | 0.117 | 0.097 | 1.204 | | ガソリン価格 | 0.463 | 0.056 | 8.310 | *** |
| 県民所得 | -0.496 | 0.197 | -2.520 | * | 沿線通勤人口 | 0.266 | 0.076 | 3.497 | *** |
| 運行本数 | 1.838 | 0.262 | 7.018 | *** | 県民所得 | -0.373 | 0.194 | -1.925 | |
| 延伸1 | 0.797 | 0.141 | 5.632 | *** | 運行本数 | 2.112 | 0.149 | 14.184 | *** |
| 延伸2 | 0.242 | 0.215 | 1.126 | | 延伸1 | 0.686 | 0.137 | 5.009 | *** |
| 廃止1 | 0.118 | 0.151 | 0.781 | | 延伸2 | 0.326 | 0.211 | 1.549 | |
| 廃止2 | 0.175 | 0.122 | 1.427 | | 廃止1 | 0.079 | 0.143 | 0.553 | |
| 廃止3 | -0.084 | 0.187 | -0.450 | | 廃止2 | 0.217 | 0.124 | 1.751 | |
| サービス向上1 | 0.244 | 0.052 | 4.680 | *** | 廃止3 | -0.229 | 0.157 | -1.459 | |
| サービス向上2 | -0.127 | 0.058 | -2.205 | * | サービス向上1 | 0.239 | 0.053 | 4.485 | *** |
| 災害1 | -5.786 | 0.201 | -28.758 | *** | サービス向上2 | -0.125 | 0.060 | -2.094 | * |
| 災害2 | 0.027 | 0.123 | 0.221 | | 災害1 | -5.853 | 0.205 | -28.539 | *** |
| 災害3 | 0.268 | 0.198 | 1.353 | | 災害2 | 0.089 | 0.121 | 0.732 | |
| わたらせダミー | -2.050 | 0.197 | -10.418 | *** | 災害3 | 0.303 | 0.204 | 1.481 | |
| Adj. R² | 0.581 | | | | わたらせダミー | -2.080 | 0.205 | -10.164 | *** |
| 観測値数 | 820 | | | | Adj. R² | 0.647 | | | |
| クロスセクション数 | 82 | | | | 観測値数 | 820 | | | |
| 計測期間 | 2005-2014 | | | | クロスセクション数 | 82 | | | |
| | χ² | | p値 | | 計測期間 | 2005-2014 | | | |
| Hausman検定結果 | 93.161 | | 6.52E-13 | | | χ² | | p値 | |
| | F | | p値 | | Breusch-Pagan検定 | 3038.4 | | 2.20E-16 | |
| F検定結果 | 154.89 | | 2.20E-16 | | | | | | |

*** は0.1％水準，** は1％水準，* は5％水準で有意であることを示す（以降の分析結果各表も同様）．

著者作成．

## （3）通学

　通学需要の分析結果より（表3-6），運賃を上昇させても収入増が期待できることが示唆された．しかし先行研究と比較すると弾性値の絶対値は大きいと言える．対キロ制運賃を採用している事業者の通学（高校）1ヶ月定期と普通運賃からの割引率を表3-7に示している．JR以外の事業者の割引率は全体的に低く，且つ，そもそもの普通運賃がJRに比べて全体的に高いため，通学費が相対的に高額となっている．つまり当初から通学定期に割高感があることで運賃弾力性がやや大きくなったものと推察される．

　運行本数の弾性値は0.743と通勤のそれより小さい値ながらも比較的大きい値で有意となっていることから，運行本数は通学需要に一定程度影響を及ぼすと思われる．沿線通学人口についても正で有意になってい

るが，少子化の流れを踏まえると通学需要の低下を意味することから地方鉄道事業者にとっては厳しい状況と言える．

表3-6　分析結果（通学）

| 通学（固定効果モデル） | | | | |
|---|---|---|---|---|
| 説明変数 | 係数 | 標準誤差 | t値 | |
| 通学運賃 | -0.757 | 0.091 | -8.354 | *** |
| ガソリン価格 | -0.066 | 0.042 | -1.584 | |
| 沿線通学人口 | 0.189 | 0.063 | 3.008 | ** |
| 県民所得 | 0.176 | 0.137 | 1.282 | |
| 運行本数 | 0.678 | 0.176 | 3.848 | *** |
| 延伸1 | -0.465 | 0.101 | -4.601 | *** |
| 延伸2 | -0.218 | 0.144 | -1.515 | |
| 廃止1 | 0.386 | 0.102 | 3.774 | *** |
| 廃止2 | 0.111 | 0.081 | 1.357 | |
| 廃止3 | -0.186 | 0.122 | -1.520 | |
| サービス向上1 | 0.001 | 0.035 | 0.027 | |
| サービス向上2 | -0.115 | 0.038 | -2.993 | ** |
| 災害1 | -0.661 | 0.134 | -4.928 | *** |
| 災害2 | -0.053 | 0.084 | -0.638 | |
| 災害3 | 0.090 | 0.132 | 0.681 | |
| わたらせダミー | -3.675 | 0.132 | -27.906 | *** |
| Adj. R² | 0.545 | | | |
| 観測値数 | 820 | | | |
| クロスセクション数 | 82 | | | |
| 計測期間 | 2005-2014 | | | |
| | χ² | | p値 | |
| Hausman 検定結果 | 7.7997 | | 0.9546 | |
| | F | | p値 | |
| F 検定結果 | 365.78 | | 2.20E-16 | |

| 通学（変量効果モデル） | | | | |
|---|---|---|---|---|
| 説明変数 | 係数 | 標準誤差 | t値 | |
| 定数項 | 0.970 | 2.050 | 0.473 | |
| 通学運賃 | -0.742 | 0.084 | -8.860 | *** |
| ガソリン価格 | -0.054 | 0.040 | -1.326 | |
| 沿線通学人口 | 0.214 | 0.056 | 3.827 | *** |
| 県民所得 | 0.159 | 0.132 | 1.206 | |
| 運行本数 | 0.743 | 0.126 | 5.897 | *** |
| 延伸1 | -0.478 | 0.098 | -4.869 | *** |
| 延伸2 | -0.193 | 0.138 | -1.397 | |
| 廃止1 | 0.375 | 0.096 | 3.917 | *** |
| 廃止2 | 0.119 | 0.080 | 1.480 | |
| 廃止3 | -0.205 | 0.108 | -1.904 | |
| サービス向上1 | -0.001 | 0.034 | -0.036 | |
| サービス向上2 | -0.113 | 0.038 | -2.943 | ** |
| 災害1 | -0.675 | 0.133 | -5.090 | *** |
| 災害2 | -0.040 | 0.080 | -0.502 | |
| 災害3 | 0.098 | 0.131 | 0.744 | |
| わたらせダミー | -3.680 | 0.132 | -27.852 | *** |
| Adj. R² | 0.589 | | | |
| 観測値数 | 820 | | | |
| クロスセクション数 | 82 | | | |
| 計測期間 | 2005-2014 | | | |
| | χ² | | p値 | |
| Breusch-Pagan 検定 | 3349.8 | | 2.20E-16 | |

著者作成．

## （4）定期外

定期外需要の分析結果は表3-8にまとめている．需要の運賃弾力性は−0.849と推計され，運賃を上げて収入増は期待できる．本章においては運輸収入を旅客人キロで除した値を平均運賃として用いていることから，運賃以外の料金部分（特急料金など）を設定することが増収に繋がるものと思われる．ガソリン価格が示す交差価格弾力性は正で有意となっており，鉄道と自家用車は代替関係にあると言えるが，弾性値は0.106と小さく，定期外需要を大きく変動させる要因とはなっていないと思われる．

## 表3-7　通学（高校）1ヶ月定期運賃と割引率

| 鉄道事業者 | 初乗り（円） | 割引率 | 15km（円） | 割引率 | 30km（円） | 割引率 |
|---|---|---|---|---|---|---|
| JR北海道 | 2910 | 71.5% | 6110 | 60.8% | 8890 | 72.6% |
| JR北海道地交 | 2920 | 71.4% | 6900 | 55.8% | 9070 | 76.4% |
| JR本州幹線 | 2430 | 71.1% | 5400 | 62.5% | 7680 | 74.4% |
| JR本州地交 | 2430 | 71.1% | 5930 | 58.8% | 7850 | 77.4% |
| JR四国 | 2820 | 70.6% | 5970 | 61.7% | 8860 | 73.2% |
| JR四国地交 | 2820 | 70.6% | 7060 | 59.4% | 9060 | 77.1% |
| JR九州 | 2650 | 72.4% | 5980 | 64.4% | 8510 | 74.7% |
| JR九州地交 | 2650 | 72.4% | 7070 | 59.4% | 8720 | 77.6% |
| JR特定東京 | 2030 | 75.8% | 5040 | 61.8% | 7180 | 74.5% |
| JR特定大阪 | 2030 | 71.8% | 5060 | 61.7% | 7200 | 73.9% |
| ひたちなか | 4770 | 47.0% | 14590 | 57.3% | - | - |
| 鹿島臨海 | 5330 | 47.7% | 11930 | 49.0% | 22620 | 49.7% |
| しなの | 4770 | 58.2% | 8500 | 57.1% | 14030 | 64.6% |
| 大井川 | 3750 | 58.3% | 15620 | 61.7% | 22270 | 72.7% |
| 島原 | 3520 | 60.9% | 17550 | 50.4% | 33470 | 50.2% |

著者作成.
注1）対キロ制運賃を用いている鉄道事業者は，国土交通省鉄道局監修（2015）『数字でみる鉄道2015』を参照して抽出した.
注2）割引率は1ヶ月あたり60回利用するものとして算出している.
注3）ひたちなか海浜鉄道は営業キロが14.3kmのため，30kmに該当する運賃は存在しない.
注4）網掛けはJR以外の民鉄事業者を示している.

　運行本数の弾性値についても定期需要と同様，大きめの値が推計されている．したがって，コスト削減等を目的とした定期輸送が見込めない時間帯における減便ダイヤの実施は，さらなる需要の低下を招く可能性が定量的に示されている．また，ダイヤの質的側面の改善については有意な結果が得られなかった．これらの点より，定期外需要についても運賃および運行本数に大きく依存しているものと思われる．

　観光列車の導入効果に着目すると，有意水準10%ではあるが，観光列車導入初年に導入効果が見られていることが示唆されている．観光列車導入2年目については有意な結果が見られず，3年目以降については正で有意な結果が得られたことから，観光列車が導入されて一定期間が経過すると，その効果はまちまちとなるものの，その後も継続して観光列車の運行を続けることで再び増加基調に転ずるものと思われる．

表3-8　分析結果（定期外1）

| 定期外（固定効果モデル） | | | | | 定期外（変量効果モデル） | | | | |
|---|---|---|---|---|---|---|---|---|---|
| 説明変数 | 係数 | 標準誤差 | t値 | | 説明変数 | 係数 | 標準誤差 | t値 | |
| 運賃 | -0.906 | 0.043 | -21.236 | *** | 定数項 | -0.800 | 1.732 | -0.462 | |
| ガソリン価格 | 0.104 | 0.037 | 2.814 | ** | 運賃 | -0.849 | 0.043 | -19.775 | *** |
| 沿線人口 | 0.456 | 0.235 | 1.946 | | ガソリン価格 | 0.106 | 0.039 | 2.763 | ** |
| 高齢者率 | -0.008 | 0.003 | -2.536 | * | 沿線人口 | 0.282 | 0.088 | 3.193 | ** |
| 県民所得 | 0.129 | 0.098 | 1.319 | | 高齢者率 | -0.009 | 0.003 | -2.581 | * |
| 運行本数 | 0.458 | 0.136 | 3.379 | *** | 県民所得 | 0.241 | 0.100 | 2.422 | * |
| 延伸1 | -0.167 | 0.195 | -0.857 | | 運行本数 | 0.829 | 0.108 | 7.671 | *** |
| 延伸2 | -0.332 | 0.113 | -2.943 | ** | 延伸1 | 0.003 | 0.098 | 0.029 | |
| 廃止1 | 0.512 | 0.103 | 4.993 | *** | 延伸2 | -0.213 | 0.113 | -1.889 | |
| 廃止2 | 0.024 | 0.062 | 0.381 | | 廃止1 | 0.365 | 0.080 | 4.553 | *** |
| 廃止3 | 0.262 | 0.123 | 2.126 | * | 廃止2 | 0.073 | 0.063 | 1.151 | |
| サービス向上1 | 0.049 | 0.026 | 1.938 | | 廃止3 | 0.039 | 0.094 | 0.409 | |
| サービス向上2 | 0.046 | 0.029 | 1.616 | | サービス向上1 | 0.034 | 0.027 | 1.287 | |
| 災害1 | -1.118 | 0.102 | -10.979 | *** | サービス向上2 | 0.039 | 0.030 | 1.324 | |
| 災害2 | -0.109 | 0.062 | -1.759 | | 災害1 | -1.212 | 0.105 | -11.560 | *** |
| 災害3 | -0.123 | 0.073 | -1.680 | | 災害2 | -0.033 | 0.062 | -0.523 | |
| 愛知環状ダミー | 0.794 | 0.096 | 8.258 | *** | 災害3 | -0.079 | 0.077 | -1.029 | |
| 樽見ダミー | 0.233 | 0.097 | 2.404 | * | 愛知環状ダミー | 0.810 | 0.101 | 8.024 | *** |
| 駆け込み需要 | 0.060 | 0.059 | 1.016 | | 樽見ダミー | 0.264 | 0.102 | 2.584 | ** |
| 観光列車導入初年 | 0.053 | 0.035 | 1.516 | | 駆け込み需要 | 0.066 | 0.062 | 1.061 | |
| 観光列車2年目 | -0.036 | 0.044 | -0.835 | | 観光列車導入初年 | 0.066 | 0.037 | 1.798 | |
| 観光列車3年目以降 | 0.214 | 0.048 | 4.461 | *** | 観光列車2年目 | -0.052 | 0.046 | -1.132 | |
| Adj. R² | 0.589 | | | | 観光列車3年目以降 | 0.177 | 0.049 | 3.629 | *** |
| 観測値数 | 820 | | | | Adj. R² | 0.628 | | | |
| クロスセクション数 | 82 | | | | 観測値数 | 820 | | | |
| 計測期間 | 2005-2014 | | | | クロスセクション数 | 82 | | | |
| | χ² | | p値 | | 計測期間 | 2005-2014 | | | |
| Hausman 検定結果 | 21.519 | | 0.489 | | | χ² | | p値 | |
| | F | | p値 | | Breusch-Pagan 検定 | 3153.3 | | 2.20E-16 | |
| F 検定結果 | 389.32 | | 2.20E-16 | | | | | | |

著者作成.

## 3-4. 小括

### （1）まとめ

　本研究では2005年度～2014年度の10年間のパネルデータを用いて，地方鉄道の需要関数を推計した．通勤需要において，運賃弾力性は-1.037と推計されたことから運賃に対して弾力的であり，値上げをすると減収になる可能性が示唆された．通勤者の場合は自動車などの代替財の存在が大きいと想定される．運行本数の弾性値より，通勤需要は利便性に大きく左右されると考えられる．また，沿線通勤人口は有意とならなかっ

たため，自家用車に代表される他の交通手段が通勤手段の主流であることが示唆されている．

　通学需要の運賃弾力性は－0.742と推計されたので値上げによる増収効果はある．しかし，予想に反し弾力性絶対値が大きいので今後注意が必要である．沿線通学人口は正で有意になっているが，少子化の流れを踏まえると通学需要の今後の低下を意味することから地方鉄道事業者にとっては厳しい状況と言える．こうした定期需要については，従来は非弾力的であると言われていた中，地方圏においてはそれが弾力的である可能性を示唆している．

　定期外需要の運賃弾力性についても推計された値は－0.849と推計されたので，値上げをすると旅客数は減少するが，増収効果はある．料金収入を高めることで増収に繋がる可能性が示唆されている．これから観光政策の有効性が示唆される．

　観光列車に関するダミー変数より，導入初年および3年目以降での効果が示唆された．近年観光列車ブームが見られていることを踏まえると，全国各地で観光列車が走行することにより各地の観光列車に注目が集まることで，利用客が増えるいわば観光列車間のシナジー効果に繋がっている可能性が考えられる．このように，観光列車の導入が鉄道需要の増加に貢献していると思われることから，地方鉄道の価値は観光面においても存在することを示唆している．

## （2）政策的インプリケーション

　鉄道事業者が需要拡大を図るためにはオフピーク時の利用者確保が重要な施策の1つとして考えられ，実際にオフピーク時の需要を喚起するために割引切符を設定している鉄道事業者は地方圏においても少なくない．本研究の結果はこうした施策が一定程度有用であることを裏付けるものであるが，料金部分の設定による増収戦略も考慮する必要があると思われる．しかしながら，地方鉄道においては，定期運賃の割引率を引き下げると需要をかなり縮小させる可能性があるという厳しい結果が本研究より示唆されている．

本分析より定期運賃の引き下げ，運行本数の増便，限定的な効果では
あるが終電繰り下げが，鉄道事業者が実施可能な需要拡大策と言える．
しかし，経営の厳しい地方鉄道事業者においては採算性という尺度で見
た場合，各種施策の実施に踏み切ることが難しい側面がある．さらに近
年では，整備新幹線開業に伴う並行在来線の経営分離や上下分離方式に
よる経営主体の変更に伴い，従来は通し運賃で利用できた区間が2事業
者に跨ぐこととなり運賃が一気に上昇するケースが生じている[12]．つま
り上下分離方式等の鉄道の維持に有用なスキームを活用することによっ
て運賃面での利便性の低下が見られている．

　このように，鉄道事業者の経営行動だけでは需要を創出するための戦
略の実施に限界があると考えられる．利便性向上に伴う社会的便益の増
大を考慮すると，沿線自治体を中心とする公的機関が運賃政策を含めた
利便性向上に係る各種施策にも関与することは，今後の地方鉄道政策を
考える上で検討すべき方向性の1つと言えよう[13]．

　以上から，これまで注目してきた定期需要（通勤・通学トリップ）よ
り，定期外需要（観光トリップ）等に地方鉄道の可能性があることが明
らかとなった．そこで次章から，地方鉄道再生のカギとしての交流人口
への着目，観光政策の展開を検討する．

## 注

1 「1日あたり乗客数」の場合，路線長が長い路線ほど大きな値となりうるため被説明変数
として適しているとは言えない．
2 該当する事業者は山万，愛知高速交通，広島高速交通，スカイレールサービスである．
3 黒部峡谷鉄道・嵯峨野観光鉄道は，一般旅客はトロッコ列車のみ利用可能であることから
観光鉄道要素が強く，通勤・通学旅客が極めて少ないまたは皆無のため，阿佐海岸鉄道は利
用者数が極めて少なく若干の利用者の増減でも急激な変化を見せていたことから推計値が不
安定になる可能性があるため，それぞれ分析対象から除外した．
4 定期（通勤・通学）と定期外の需要区分間では，それぞれの運賃の変化によって需要の代
替が生じる可能性があることから交差弾力性を説明変数に含むモデルを考えたが，各区分の
運賃間の相関関係を見ると，相関係数が|0.6|以上（通勤運賃と定期外運賃でR=0.759，通学
運賃と定期外運賃でR=0.609，通勤運賃と通学運賃でR=0.738）と多重共線性が疑われたため，
説明変数には採用していない．この形は，金子他（2001）や宇都宮（2013）等の多くの先行
研究で用いられている．

5 輸送密度は営業キロ1kmあたりの1日平均輸送量を示しており需要の動向を適切に表すことから被説明変数に採用した.

6 人口を年齢区分ごとに説明変数として投入した場合，各変数間の相関係数が極めて高く（15〜19歳人口と20〜64歳人口でR=0.997，15〜19歳人口と65歳以上人口でR=0.976，20〜64歳人口と65歳以上人口でR=0.979），多重共線性の疑いが強いことから沿線総人口と相関係数が|0.6|未満である（R=−0.570）高齢者率を設定している.

7 愛知環状鉄道については愛・地球博の開催，樽見鉄道についてはモレラ岐阜の開業が要因と推察される.

8 大井川鉄道と延伸後の青い森鉄道に関しては，この方法では沿線環境を反映できないと考えられるため，大井川鉄道は川根本町・島田市，延伸後の青い森鉄道は三戸町・八戸市・青森市の人口を用いている.

9 その上で，プーリングモデルとどちらが適切かを判定するためF検定あるいはBreusch-Pagan検定を実施したところ，全てのケースにおいて固定効果あるいは変量効果モデルが採択された．なお，パネルデータ分析の詳細については，北村（2005）や浅野・中村（2014）などを参照されたい.

10 厚生労働省「通勤手当に関する資料（追加）」.

11 厚生労働省「通勤手当について」.

12 後者の一例としては，近鉄内部・八王子線を引き継いだ「四日市あすなろう鉄道」が挙げられる.

13 こうした中，盛岡市（旧玉山村区域）や岩手町のように通学定期の購入補助を実施している自治体も存在する.

# 第4章

# 地方鉄道問題に対する第3の道としての
# 交流人口開拓（観光政策の意義）

　これまでに述べてきたように，日本の地方鉄道の状況は厳しいものがある．ところが，その研究や政策提言においては，議論の大前提として需要の殆どが通勤通学トリップを想定しており，定住人口の減少傾向を踏まえると状況が改善される可能性が少ない．しかし地方鉄道が衰退すれば特に交通弱者が不便を被りかねない．

　そこで，地方鉄道問題の解決のためには「第3の可能性＝別需要の開拓＝「交流人口」の増加⇒観光開発」が考えられる．つまり，観光に着目した取り組みを実施することで，鉄道事業者にとっては沿線外旅客である観光目的の鉄道利用客の増加を通じた鉄道事業の活性化に繋がり，沿線地域にとっては観光需要の高まりに伴う地域活性化を達成できるものと考えられる．そこで，まず，鉄道と観光との関係から検討する．

## 4-1．観光アクセス交通としての鉄道（派生的需要）

### （1）古くからあった観光地への特別列車
　ところで，これまでの鉄道と観光の当初の関係は，本来の観光資源のある目的地（観光地）へ観光客を運ぶ交通アクセスとしての鉄道という関係であり，この鉄道需要を交通経済学では「派生的需要」と呼ぶ．観光アクセス交通としての鉄道の役割を考えたとき，著名な観光地・行楽地の存在が前提となっており，その地点（地域）への利便性をいかに高めるかという点が重要となってくる．したがって，観光アクセス交通は，速さや安さ，快適さといった基本的な交通サービス要素が重視されることになる（財団法人国際交通安全学会編，1998）．

鉄道が担っている観光への役割は近年見られるようになったものでは
なく，鉄道の普及と共に，即ち明治期から見られていたものである．老
川（2017）や上田（2017）が詳しく論じているように，明治期において，
日光や成田山といった寺社参拝へのアクセス交通としても鉄道は機能
し，この頃に日光などへの観光客輸送のために登場した「回遊列車」は
観光列車の起源ともされている．松島観光を目的とした回遊列車では，
車内では給仕が乗客たちを扇子で仰ぎにまわり，仙台駅では楽隊の出迎
えを，塩竈では旗振りによる歓迎を受けた（老川，2017）．また，水戸
への回遊列車である「観梅列車」では水戸案内図やバッジの配布，花火
による出迎え，土産品の福引といった企画が実施された（三宅，2016)[1]．

## （2）強力な観光地への特別列車—国鉄分割民営化まで

　観光輸送が大幅に低下した第二次世界大戦期を挟み，大手私鉄事業者
による沿線の観光開発が行なわれていた．戦後の高度経済成長期に「小
田急ロマンスカー」による箱根への観光輸送が行われるなど，この時期
においても観光客の誘客を目的とした車両の導入が見られている[2]．ま
た，国鉄並びに大井川鐵道で蒸気機関車が牽引するSL列車もわずかで
はあるが導入されていた[3]．

　1970年に国鉄が実施した「ディスカバー・ジャパン」を経て，1980年
代に，修学旅行などの団体輸送の鉄道離れを押しとどめるために，団体
旅行の様々な様態に応じた形で，様々なタイプの車両を導入することが
必要となり（佐藤，2013），国鉄は「ジョイフルトレイン」と呼ばれる
貸切団体向けの固定編成列車を導入する（新納，2019）．この頃に導入
されたジョイフルトレインは，お座敷形式の車内に改造した「なのはな」，
展望室を設置している「パノラマエクスプレス　アルプス」，「アルファ
コンチネンタルエクスプレス」等が挙げられる．こうしたジョイフルト
レインは旧型の車両を改造することで導入している．これが現在の本格
的な，本源的需要としての観光列車の萌芽といえる．

## ４-２．観光資源としての鉄道「観光列車」（本源的需要）

### （１）観光資源としての鉄道の展開

　観光アクセス交通の役割のみならず，鉄道そのものが観光資源として機能している側面が見られているのは先述したとおりである．例えば，本研究でも取り上げるが，大井川鐵道では，新金谷〜千頭間において蒸気機関車が牽引する列車が運行している．また，同鉄道の千頭〜井川間はダム建設のために敷設された路線が基となっており，日本で現存する唯一のラック式鉄道（アプト式）である．同様に電源開発に伴い建設された路線を活用しているケースとして黒部峡谷鉄道が挙げられる．同鉄道はトロッコ列車を運行しており，関西電力の作業員の輸送も行ってはいるものの，大半が観光客輸送の鉄道としては他に，嵯峨野観光鉄道や平成筑豊鉄道が運営する門司港レトロ観光線があり，両鉄道ともトロッコ列車のみが運行している（佐藤，2013）．

　このように，鉄道そのものが観光資源として機能しているケースは，従来はSL列車やトロッコ列車のように限定的であったが，近年では，先述した黒部峡谷鉄道のように沿線環境の側面から観光客輸送に特化せざるを得ない路線ではなく，従来通り地域輸送を担っている鉄道路線において，旧型車両を改造あるいは新造することによって誕生した「観光列車」が運行しているケースが多く見られている．

　詳しくは後述するが，旧型車両の改造あるいは新造による観光列車の導入は，以前はJRを中心に，その中でも特に東日本やJR九州で多く見られていた．それが2015年前後からは全国的な広がりを見せ，地方圏の鉄道事業者を含む多くの鉄道事業者で導入が見られるようになる．観光列車はSL列車のように産業遺産的な価値を持つわけでもなく，極めて強い誘客力を持つ観光地を必ず経由するとも言えず，それ故に新たな鉄道観光の価値を生み出していると言える．

　本研究で分析を進めていくが，観光列車の車内では沿線地域の諸アクターが様々な催しを実施するなど，沿線の文化を内包することで複合的な観光価値を擁しているものと考えられる．従来は鉄道が観光地へのア

クセスと機能する，或いは鉄道そのものが単独的に観光価値を有している といった形で見られていたが，近年は沿線の文化を内包することで観 光価値を生み出すという今まで以上に，鉄道と沿線地域の密接な関係性 が見られている．

## （2）観光資源としての観光列車の出現—JR発足後

　国鉄分割民営化後，JR九州が新たに「ゆふいんの森」を，JR北海道 がデンマーク国鉄との提携でデザインした車両である「ノースレイン ボーエクスプレス」を導入したように，一部の鉄道事業者では特徴的な デザインを持つ新造観光列車の導入も行われ始めた[4,5]．そして，1997年 にはJR東日本が五能線にキハ40・48形を改造した観光列車「リゾート しらかみ」を導入する．

　本州でも旧型車両を改造し，特定の区間を運行する形の観光列車が導 入され始めたとはいえ，分割民営化後，1990年代までの観光列車の潮流 はJR・私鉄（第3セクター）問わず，蒸気機関車が牽引するSL列車や トロッコ列車であった（SL列車については第11章で詳述）．1990年代に 新たに運行を始めたSL列車には，JR北海道「SL冬の湿原号」，JR東日 本「SL奥利根号[6]」，秩父鉄道「パレオエクスプレス」などが挙げられる． 特にJR西日本については2010年代に入った後にも，蒸気機関車の動態 保存を実施するため，京都鉄道博物館に隣接している梅小路運転区に蒸 気機関車専用の研修庫を建設していることからも，蒸気機関車の動態保 存に注力していることがわかる[7]．

　表4-1からわかるように，2000年代に入りJRを中心に旧型車両を改 造した観光列車の導入が散見されるようになる．この頃，JR九州では 九州新幹線・新八代～鹿児島中央間開業後に4本の観光列車が導入され ているが，SL人吉を除いた3列車が旧型車両の改造であり，SL列車で もトロッコ列車でもないという特徴が挙げられる[8]．

　そして，2011年の九州新幹線・博多～新八代間開業に伴い，同年に3 つの観光列車（「指宿のたまて箱」，「あそぼーい！」「A列車で行こう」） が導入される．2011年以降，JRのみならず民鉄・第3セクター事業者

でも多くの観光列車が導入され始め，2015年前後からより多くの観光列車が導入されていることが表4-1，表4-2からわかる．中でも，地方圏を事業エリアに構えている鉄道事業者でも導入が目立っている．大手私鉄事業者においても観光列車の導入は見られていることから，多くの観光列車が導入され始めた2010年代が，観光列車が多くの鉄道事業者にとって非常に重要なツールであることが認識された時期であることが示唆されている．

　各鉄道事業者の観光列車導入の動きと並行して，2013年にはJR九州が「ななつ星in九州」の運行を始めたのを皮切りに，JR東日本，JR西日本でも同様に事業エリアを周遊する形の寝台列車の運行を開始した[9]．こうした周遊形式の寝台列車は「クルーズトレイン」とも呼ばれている[10]．

## （3）観光資源としての観光列車（本源需要）に関する研究

　近年は鉄道そのものが本源的需要として機能しているという研究も見られ始めてきている．中村・小長谷（2014）は，2010年代前半で確認できる本源的な観光列車約80を抽出し分析をおこなった研究である．立松（2006）は，鉄道に観光資源としての役割があると指摘しており，ジョイフルトレイン・リゾートトレイン・SL列車などの乗車体験は観光客を楽しい雰囲気にし，加えて鉄道自体に観光価値が高く非日常の体験が可能となることから，交通アクセス手段としての鉄道の利用が観光目的と重なり両者と一体になることが多いと論じている．

　堀（2017）は，嵯峨野観光鉄道のような観光鉄道は本源的需要となっていると論じており，その上で，交通サービス（派生的需要）と観光サービス（本源的需要）とが融合したサービスが観光交通サービスと指摘している．

　地方鉄道が観光に着目した取り組みについて，安本（2014）は，三陸鉄道を事例に観光の視点を踏まえて論じ，地方鉄道には社会的な意義があると結論付けた．崎本・嘉瀬（2017）では，千葉県内の地方鉄道事業者である小湊鉄道といすみ鉄道に着目し，両社が実施している観光客誘客のための施策が報告されている．

## 表4-1　JRが運行している主な観光列車（2020年5月現在）

| 運行会社 | 導入年 | 愛称 | 区間 | | |
|---|---|---|---|---|---|
| JR西日本（国鉄） | 1979 | SLやまぐち | 新山口 | - | 津和野 |
| JR東日本 | 1989 | SLみなかみ | 高崎 | - | 水上 |
| JR北海道 | 1989 | くしろ湿原ノロッコ | 釧路 | - | 塘路 |
| JR九州 | 1989 | ゆふいんの森 | 博多 | - | 由布院 |
| JR西日本 | 1995 | SL北びわこ号 | 米原 | - | 木ノ本 |
| JR東日本 | 1997 | リゾートしらかみ | 秋田 | - | 弘前・青森 |
| JR北海道 | 1998 | 富良野美瑛ノロッコ | 旭川 | - | 美瑛・富良野 |
| JR西日本 | 1998 | 奥出雲おろち | 木次 | - | 備後落合 |
| JR東日本 | 1999 | SLばんえつ物語 | 新潟 | - | 会津若松 |
| JR北海道 | 2000 | SL冬の湿原号 | 釧路 | - | 標茶・川湯温泉 |
| JR東日本 | 2001 | きらきらうえつ | 新潟 | - | 酒田 |
| JR九州 | 2004 | いさぶろう・しんぺい | （熊本）・人吉 | - | 吉松 |
| JR九州 | 2004 | はやとの風 | 鹿児島中央 | - | 吉松 |
| JR西日本 | 2005 | 瀬戸内マリンビュー | 三原 | - | 広島（呉線経由） |
| JR四国 | 2006 | 瀬戸大橋アンパンマントロッコ | 岡山 | - | 高松 |
| JR東日本 | 2008 | リゾートみのり | 仙台 | - | 新庄 |
| JR九州 | 2009 | SL人吉 | 熊本 | - | 人吉 |
| JR九州 | 2009 | 海幸山幸 | 宮崎 | - | 南郷 |
| JR東日本 | 2010 | リゾートビューふるさと | 長野 | - | 南小谷 |
| JR九州 | 2011 | 指宿のたまて箱 | 鹿児島中央 | - | 指宿 |
| JR九州 | 2011 | あそぼーい！ | 熊本 | - | 宮地 |
| JR九州 | 2011 | A列車で行こう | 熊本 | - | 三角 |
| JR東日本 | 2012 | Pokemon with youトレイン気仙沼号 | 一ノ関 | - | 気仙沼 |
| JR東日本 | 2013 | TOHOKU EMOTION | 八戸 | - | 久慈 |
| JR四国 | 2013 | しまんトロッコ | 宇和島 | - | 窪川 |
| JR東日本 | 2014 | とれいゆつばさ | 福島 | - | 山形・新庄 |
| JR東日本 | 2014 | SL銀河 | 花巻 | - | 釜石 |
| JR東日本 | 2014 | 越乃Shu*kura | 上越妙高 | - | 十日町 |
| JR四国 | 2014 | 伊予灘ものがたり | 松山 | - | 伊予大洲・八幡浜 |
| JR東日本 | 2015 | おいこっと | 長野 | - | 十日町 |
| JR東日本 | 2015 | フルーティアふくしま | 郡山 | - | 会津若松 |
| JR西日本 | 2015 | 花嫁のれん | 金沢 | - | 和倉温泉 |
| JR西日本 | 2015 | ベル・モンターニュ・エ・メール | 新高岡・高岡 | - | 氷見・城端 |
| JR九州 | 2015 | 或る列車 | 大分ー日田 | - | 佐世保ー長崎 |
| JR東日本 | 2016 | 現美新幹線 | 越後湯沢 | - | 新潟 |
| JR東日本・伊豆急行 | 2016 | 伊豆クレイル | 小田原 | - | 伊豆急下田 |
| JR西日本 | 2016 | ラ・マルせとうち | 岡山 | - | 宇野 |
| JR四国 | 2017 | 四国まんなか千年ものがたり | 多度津 | - | 大歩危 |
| JR九州 | 2017 | かわせみやませみ | 熊本 | - | 人吉 |
| JR東日本 | 2017 | HIGH RAIL 1375 | 小淵沢 | - | 小諸 |
| JR西日本 | 2017 | ○○のはなし | 新下関 | - | 東萩 |
| JR四国 | 2017 | 志国高知　幕末維新号 | 高知 | - | 窪川 |
| JR西日本 | 2018 | あめつち | 鳥取 | - | 出雲市 |

出所：各社ホームページより著者作成.
※伊豆クレイルは伊豆急行線にも乗り入れているが，車両はJR車両を用いていることからJRの区分
　とした.

表４-２　私鉄・第３セクター鉄道事業者が運行している
主な観光列車（2020年５月現在）

| 運行会社 | 導入年 | 愛称 | 区間 | | |
|---|---|---|---|---|---|
| 大井川鉄道 | 1976 | SL かわね路 | 新金谷 | - | 千頭 |
| 南阿蘇鉄道 | 1986 | ゆうすげ号 | 立野 | - | 高森 |
| 秩父鉄道 | 1988 | SL パレオエクスプレス | 熊谷 | - | 三峰口 |
| 真岡鉄道 | 1994 | SL もおか | 下館 | - | 茂木 |
| わたらせ渓谷鉄道 | 1998 | トロッコわたらせ渓谷 | 大間々 | - | 足尾 |
| 会津鉄道 | 1999 | お座トロ展望列車会津浪漫 | 会津若松 | - | 会津田島 |
| 伊予鉄道 | 2001 | 坊っちゃん列車 | 道後温泉 | - | 松山市・古町 |
| 津軽鉄道 | 2007 | ストーブ列車 | 津軽五所川原 | - | 津軽中里 |
| 富士急行 | 2009 | 富士登山電車 | 大月 | - | 河口湖 |
| 南海電鉄 | 2009 | 天空 | 橋本 | - | 高野山（極楽橋) |
| 富山地方鉄道 | 2011 | アルプスエキスプレス | 電鉄富山 | - | 宇奈月温泉 |
| わたらせ渓谷鉄道 | 2012 | トロッコわっしー | 桐生 | - | 間藤 |
| 近鉄 | 2013 | しまかぜ | 難波・京都・名古屋 | - | 賢島 |
| 京都丹後鉄道 | 2013 | 丹後あかまつ号 | 豊岡 | - | 西舞鶴 |
| 肥薩おれんじ鉄道 | 2013 | おれんじ食堂 | 新八代 | - | 川内 |
| くまがわ鉄道 | 2014 | 田園シンフォニー | 人吉温泉 | - | 湯前 |
| しなの鉄道 | 2014 | ろくもん | 長野 | - | 軽井沢 |
| 大井川鉄道 | 2014 | SL トーマス号 | 新金谷 | - | 千頭 |
| 京都丹後鉄道 | 2014 | 丹後くろまつ号 | 天橋立 | - | 西舞鶴 |
| 小湊鐵道 | 2015 | 里山トロッコ | 上総牛久 | - | 養老渓谷 |
| 大井川鉄道 | 2015 | SL ジェームス号 | 新金谷 | - | 千頭 |
| のと鉄道 | 2015 | のと里山里海 | 七尾 | - | 穴水 |
| 西武鉄道 | 2016 | 旅するレストラン　52席の至福 | 池袋・新宿 | - | 西武秩父 |
| 富士急行 | 2016 | 富士山ビュー特急 | 大月 | - | 河口湖 |
| えちごトキめき鉄道 | 2016 | 雪月花 | 上越妙高 | - | 糸魚川 |
| 長良川鉄道 | 2016 | ながら | 美濃太田 | - | 郡上八幡・北濃 |
| 近鉄 | 2016 | 青の交響曲 | 大阪阿部野橋 | - | 吉野 |
| 東武 | 2017 | SL 大樹 | 下今市 | - | 鬼怒川温泉 |
| 東急・伊豆急行 | 2017 | THE ROYAL EXPRESS | 横浜 | - | 伊豆急下田 |
| 長良川鉄道 | 2018 | 川風 | 美濃太田・関 | - | 郡上八幡 |
| 近鉄 | 2018 | つどい | 近鉄名古屋 | - | 湯の山温泉 |
| 西日本鉄道 | 2019 | THE RAIL KITCHEN CHIKUGO | 西鉄福岡 | - | 太宰府・大牟田 |
| 平成筑豊鉄道 | 2019 | ことこと列車 | 直方 | - | 行橋 |

出所：各社ホームページより著者作成.
ストーブ列車の導入年は運賃の他に別途料金の収受を開始した2007年としている.

## ４-３．本研究の目的と観光列車の定義

### （１）本研究の目的

　本章からは，本研究のオリジナリティとも言える観光列車に着目した分析を行っていく．観光列車に着目する上で，まずは観光列車の概要について，観光列車の定義を行ったうえで，観光列車の性質について多面

的に捉えて論じていく．そして，観光列車政策の意義について，本研究でのマクロ的な観光列車の分析および事例研究において取り上げているJR四国の観光列車「伊予灘ものがたり」について費用対効果の分析を行い，観光列車導入に関係する諸制度について取り上げ，議論を進めていく．

## （2）観光列車の定義

　近年，多くの鉄道事業者は「観光列車」を導入しており，その種類は多種多様である．この観光列車という呼び方は一般的な呼称として定着していると考えられるが，鉄道事業者によって異なる呼称を設定している．例えば，JR東日本は「のってたのしい列車」，JR九州は「D&S（デザイン&ストーリー）列車」という名称を用いてポータルサイト等に記載している．本研究では一般的な観光列車という呼称を用いることとするが，新納（2019）が指摘しているように，法令や公刊統計における定義や分類があるわけではない．それ故，観光列車の定義についてはいくつか見られていることから，初めに観光列車の定義についてまとめることにしよう．

　中村・小長谷（2014）は，「鉄道輸送の本来持つ普遍性を持った機能美を追求すると同時に，運行する地域のアイデンティティを洗練された形でデザインした列車」と定義している．JTB総合研究所は，「内外装を凝らし，味覚を楽しみながら旅行が出来るなど，乗ること自体を目的にした列車のこと」とそれぞれ定義している[11]．しかし，国鉄の長距離列車に連結されていた食堂車・ビュッフェ車，展望車は旅行道中での便宜を図る車両のため，車両見学や飲食，歓談自体が目的とはならないことから観光列車とは言えないともされている（新納，2019）．

　有馬（2012）は，観光特急（特別な車両を専用に使い，もっぱら観光客の利用を主眼に置き，列車に乗ること自体を旅行の大きな魅力の一つとしてもらうために設定された特急列車）や各地のJRや民鉄で運転されている「SL列車」や「トロッコ列車」，JR東日本の五能線に観光客の目を向けさせた「リゾートしらかみ」（秋田〜五能線経由〜青森・弘前間），

東北新幹線の全線開業とともに運転を開始した「リゾートあすなろ」（新青森〜大湊間，新青森〜蟹田間）などリゾート列車と呼ばれる観光客主体の列車をまとめて「観光列車」と呼ぶとしている．有馬（2012）と同様に，具体的な種類を示した定義を述べているものとして，小島（2017）は，「レストラン列車のような豪華列車や子供受けするアニメのキャラクターをモチーフにした列車」や「クルーズトレイン」と呼ばれる豪華観光寝台列車が観光列車に含まれていることを指摘している．

　また，新納（2019）は，国鉄が1980年代に運行を開始した「ジョイフルトレイン」や蒸気機関車牽引の列車が観光列車の定義に即した例として挙げており，観光列車を広義に捉えた場合，①主な利用者が観光客である列車，②観光客に便利な区間や時間帯に運行する列車，の2つの条件を前提に，愛称の付与やヘッドマークの掲示を行ったうえで走行する列車が観光列車となると述べている．

　JNTO（2016）は，創造的な内装を持ち，食事の提供や催しを楽しむことができる列車が観光列車であると述べており，特長として大きな窓，窓に面した座席，テーブルのある座席，売店の設置，アテンダントによるサービスや観光情報の提供を挙げている[12]．

　これらの先行研究による定義を踏まえて，本研究では，①主な利用者が観光客で，②観光資源を内包しており，③内装・外装のデザインが特徴的なもので，④固有の愛称を持ち，専用車両で運行している列車を（広義の）観光列車とする[13]．

## 4-4．観光列車の性質に関する検討

### （1）交通経済学の視点から

　前節で見た先行研究における観光列車の定義の中には，乗ること自体が目的となっている列車であるという項目が含まれているものがある．こうした目的から生じる需要のことは「本源的需要」とされ，ある目的を達成するために生じる需要である「派生的需要」と交通経済学の基本的なテキストにおいては明確に区別され，交通は一般的には派生的需要

とされている（例えば，山内・竹内，2002；衛藤他編，2018など）．それ故に需要の波動性といった特性に繋がっている．したがって，観光列車のように「乗ること自体が目的」の交通手段は従来の交通の特性を本源的需要化という形で大きく転換したものと捉えることも可能となる[14]．

　観光交通のコンテクストにおいて，財団法人国際交通安全学会編（1998）は，「交通施設は観光の移動手段ではあるが，観光の導入部を演出したり，観光対象をより魅力あるものとして引き立てたり，時には乗り物自体が観光地の絵になったり名物化することで，観光の目的となることもある[15]」と述べていることから，この点を踏まえると，観光という役割を持つ交通手段は，本源的需要にも派生的需要のどちらにもなりうることが示唆されている．また，観光交通を「観光アクセス交通」と「周遊交通」に区分すると，前者は速達性・安価・快適性といった基本的な交通サービスが重視され，後者は移動中で自然の雰囲気を味わうなどの移動の楽しさがより求められているが，観光地アクセスの段階から旅行の楽しみを提供するサービスも増えてきているとしている．（財団法人国際交通安全学会編，1998）．したがって，観光列車は観光対象としての魅力度で観光に占める位置づけが決まる（新納，2019）．即ち，蒸気機関車牽引による列車やトロッコ列車，レストラン列車[16]のように，観光列車そのものが観光資源としての魅力度が極めて高い場合は本源的需要としての観光列車の位置づけになり，沿線観光地の魅力を補完する役割の場合は派生的需要の位置づけになると考えられる．

　また，観光列車は外部効果を有しているとも考えられる．具体的には沿線地域への観光客の送客である．このことから，観光列車は鉄道事業者が導入する一方，その効果は鉄道事業者のみならず沿線地域にも波及するものと思われ，観光列車が有する効果は広範囲に及ぶものと考えられる．

## （2）鉄道事業者からみた観光列車

　新納（2017）が指摘しているように，閑散路線を対象とした公的部門からの支援には限界があることから，それと並行して観光客の誘致を鉄

道事業者は考えている．実際に地方圏の鉄道事業者の中には，風光明媚な路線環境を活かし，自社鉄道そのものを観光資源化する取り組みを実施しているところも見られている[17]．例えば三陸鉄道は沿線観光資源の活用のみならず，様々な企画列車の運行やグッズ・土産の企画販売を行うことで，三陸鉄道自身を観光資源化している（安本，2014）．また，こうした地方圏の鉄道事業者の中には，旅行ツアー商品のプログラムに乗車体験を組み入れている事業者もあり，その中でも，山形鉄道は，同社の若手社員の発案で誕生した「方言ガイド」を実施している（富岡，2009）[18]．とりわけ地方圏の鉄道事業者においては，車内で様々なイベントを実施する列車[19]を導入している事業者も見られている．イベント列車の事例としては，「お花見列車」（会津鉄道），「夜景電車」（岳南電車），「近江ビア電」（近江鉄道）などが挙げられる．

　経営環境が厳しい中で各鉄道事業者は様々な手法で観光に活路を見出しており，イメージキャラクターを作り，そのキャラクターに関するグッズを販売するなど[20]，様々な手段で観光客の誘致を図る中，車両そのものに観光要素を付加している観光列車の導入はその一環であると考えられる．例えば，先述した観光列車の一種である「レストラン列車」の運行開始の理由について，地方圏の鉄道事業者を中心に鉄道利用者数の減少傾向への打開策として位置づけられていることが示されている（那須野，2018）．

　近年導入されている観光列車は新造車両に加えて旧型車両の改造車両で導入されることも多く[21]，多種多様な種類があることは先述した通りだが，車内で食事の楽しめる「レストラン列車」などに代表されるように，鉄道事業者が観光列車用の車両を製造し，導入するだけではなく，鉄道事業者以外の沿線地域の企業等が観光列車の運行に密接に関与するケースが多く見られている．つまり，鉄道事業者が観光列車を新たに導入する際には，自社で完結するものではなく，多様な地域のアクターが多くかかわってくることを意味している．この点で，鉄道事業者には観光列車を運行するために多くの沿線の諸アクターをまとめるコーディネーターとしての役割が重要になっていると指摘できる．

## （3）観光列車と地域活性化

　先の議論より，観光列車はそれ自体が観光目的になると同時に，沿線観光地の魅力をさらに高める効果を有していると思われる．つまり，いずれの経路をたどるにせよ，観光列車が運行することで当該地域における観光需要の創出に繋がると考えられ，それを介して，観光客の増加に伴う地域活性化にも寄与するものと考えられる．

　そして，鉄道事業者の観光列車導入と観光列車による地域活性化は分断されたものではなく，互いが密接に関係している．先述したように，観光列車は外部効果を有しているものと考えられ，実際に，那須野（2018）は，「レストラン列車」の運行目的として「地域活性化への貢献」「沿線の魅力の発信」が7割強と大部分を占めていることを示している．そして中澤（2016）も，JR東日本が観光列車（のってたのしい列車）を導入した理由として沿線地域の活性化を挙げている．つまり鉄道事業者から見ても（沿線）地域活性化は重要な目的となっており，その手段として観光列車を導入している．

　また，観光列車の車内では様々なイベント・催しが行われている．例えばJR東日本の五能線を運行している観光列車「リゾートしらかみ」では一部の便において津軽三味線の演奏や津軽弁の語り部などが披露されており[22]，先述した「レストラン列車」の多くでは「地元の食材」「伝統工芸」が重要な要素として挙げられている（那須野，2018）．また，JR九州のD&S列車では沿線地域の住民が観光価値を提供しているものが多い（藤田・榊原，2017）．さらに，2020年に新たに導入されたトロッコ列車であるJR四国の徳島線を運行している「藍よしのがわトロッコ」では，車内の沿線観光放送を「一般社団法人　ツーリズム徳島」の職員が実施している[23]．さらには沿線地域の方々との手振りといったイベントも観光列車では見られることも多い．

　このように沿線地域との関わりが観光列車には強く見られており，様々なアクターが観光列車に参画しており，観光列車の価値の一部分を構成していることがわかる．観光列車を起点とした地域活性化を実施することを踏まえた場合，地域側からすると観光列車は観光客を運んでき

てくれるツールであるという受け身の形での観光振興ではなく，地域が主体的に観光振興に携わっていくことで観光列車の魅力が高まり，それが観光客の増加につながるという可能性が考えられる．

　ここまで3つの視点から観光列車を概観してきたが，これらの論拠からもわかるように，観光列車の導入は，とりわけ地方圏の鉄道事業者においては，沿線人口減少などの鉄道事業者にとって逆風の中で鉄道需要を拡大させるための重要な戦略であるとともに，沿線地域の活性化も目的としていると位置付けることができる．

## （4）観光資源の有無からみた地域と列車の関係の共進化モデル
　ここで，地域と列車の関係を，観光資源の有無でまとめておく（図4-1）．

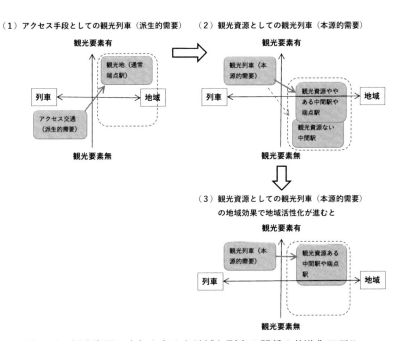

図4-1　観光資源の有無からみた地域と列車の関係の共進化モデル
著者作成.

（1）（第1段階）これまでの単なるアクセス手段としての観光列車（派生需要）は，目的地に観光資源があり，列車自身は観光資源でない．

（2）（第2段階）ここに出てきたのが本源的需要としての観光列車である．そもそも観光列車が観光資源であり，地域（特に中間駅）は，観光資源があるところとないところがある．観光資源があるところから下車が始まる可能性がある（以下の各章の分析で示す）．

（3）（第3段階）地域との連携が進めば，中間駅の地域にも観光資源が整備され，活性化するようになる．

## 4-5．分析対象の観光列車

　本研究では地方鉄道とその沿線地域の活性化について，観光列車に着目して分析を行っていくが，すでに述べたように，観光列車の種類は様々で，数多くの定義が見られている．先行研究を踏まえ，「①主な利用者が観光客で，②観光資源を内包しており，③内装・外装のデザインが特徴的なもので，④固有の愛称を持ち，専用車両で運行している列車」を本研究における講義の観光列車の定義とし，その上で，各章において分析を進めていくこととする．

## 4-6．地域が有する課題と地域開発の手法
## 　　　―新しい内発的発展論，ニューツーリズム
## 　　　　としての観光列車

### （1）沿線への波及・外部効果

　観光の視点を取り入れるということは鉄道事業者の経営改善効果のみならず，沿線地域への観光客の送客が実施されることから，沿線地域側からすると観光による地域活性化にも繋がるものと考えられる．沿線地域の諸アクターが観光列車の車内等で様々な取り組みを実施していることを踏まえると，鉄道事業者と沿線地域には単に観光客を運ぶ側と観光客を受け入れる側という図式ではなく，お互いが緊密に連携することで

観光客の誘客力を高めていると推察される．

　実際に観光による地域活性化について分析した研究は枚挙にいとまがなく，例えば観光による経済波及効果を試算した研究として藤本（2000），垣内・林（2005），青木（2013）などが挙げられる．地域活性化を目的とした観光まちづくりを対象とした研究としては，食文化を観光資源とした観光まちづくりを研究した安田（2012）や，アニメで見られている聖地巡礼を活用した観光まちづくりについて明らかにした山村（2009），酒井（2016），歴史的街並みを観光資源として活用した観光まちづくりを研究した大森・西山（2000）など多岐にわたる．また，森重（2014）で取り上げられているように，観光の取り組みを実施することで地域社会の再生につながる事例も見られている．このように，活性化が必要な地域における観光という視点は経済的な効果のみならず，観光を通じたまちづくり，地域社会やコミュニティの再生という点においても極めて重要視されていることがわかる．とりわけ観光まちづくりの視点では，先述した先行研究で見られているように，アニメなど様々なコンテンツを活用した形での取り組みについての研究蓄積があるが，観光列車と地域活性化についての研究は殆ど見られない．

　ここまでの議論より，地域輸送という観点から地方圏における鉄道の意義や，観光による地域活性化を取り上げた研究は多く見られるものの，観光の切り口から地方圏の鉄道を捉え，鉄道事業者が運行している観光列車に着目し，その観光列車が有している価値および，観光列車が鉄道事業者および沿線地域の活性化にもたらした効果を明らかにした研究は見られないことがわかる．つまり本研究は，地方鉄道の経営課題を乗り越えるという目的のみならず，活性化が叫ばれている地域における，観光による地域活性化も達成するという，鉄道事業者と沿線地域双方が利益を得るメカニズムを明らかにすることになる．観光の視点を取り入れ研究を行うことにより，２つの課題を達成することができると思われることから，本研究の意義は極めて大きいものと考えられる．

## （2）内発的発展論

### 1）内発的発展論の枠組み

　鉄道事業者が地方圏において経営が厳しい状態にあることが多いのと同様に，地方圏においては少子高齢化などの社会経済要因から地域活性化が叫ばれて久しく，様々な地域で活性化戦略が実施されている．

　戦後日本における地域開発の歴史を紐解くと，1962年の全国総合開発計画（一全総）では新産業都市・工業整備特別地域を中心に産業基盤の公共投資を集中させることで工場の誘致し，それを端緒として関連産業の発展等を通じ，地域全体の所得を向上させ住民福祉の向上に繋げるという論理の下で地域開発がなされた（宮本，1965）．こうした開発手法は「外来型開発」と呼ばれたが，中村（2012）や宮本（1997）が論じているように様々な問題を孕んでいた．外部資本に依存し地域の未来を託す外来型開発に対し，外部資本への極度の依存を避け，地域資源を中心に地域開発を実施する政策として「内発的発展」という概念が，彼らや鶴見・川田編（1989）などによって示された．

### 2）巨大な観光開発から内発的発展論へ

　外来型開発・内発的発展という枠組みは，観光一般による地域活性化とも密接に関連していた．1980年代後半以降，リゾート開発が各地で行われ，これは外来型開発の典型例とされる．1987年に「総合保養地域整備法（通称，リゾート法）」が施行されたのち，全国各地でリゾート開発が行われたが，地域や環境を配慮しない開発が進んだ（溝尾，1991）．第四次全国総合開発計画においても地域開発の手法としてリゾート開発が位置付けられており，リゾートを通じた観光による地域開発・地域活性化の取り組みが進められ，結果として，ゴルフ場やスキー場，リゾートマンションなどの施設が全国各地に「金太郎飴」のように作られた（岡田，2007）．こうしたリゾート開発はバブル経済の崩壊に伴い，開発会社の破綻などで失敗し，地域活性化が実現できなくなった．バブル崩壊による開発会社の破綻のみならず，そもそもの構造にも問題があったと

言え，溝尾（1991）は地域経済への効果が十分でなかったことや資産活用目的にリゾートマンションを購入していたケースが多く見られていた点をあげている．

　リゾート開発による地域開発を観光まちづくりの1種として捉えている議論もあり，敷田・内田（2009）は豪華な温泉保養施設の建設を通じて観光が盛んになり，宿泊業や観光関連施設が潤うことで，そこからの波及効果で地域経済が振興するメカニズムでのまちづくりを「第1世代の観光まちづくり」と呼んでいる．尤も，観光まちづくりの定義については「地域が主体となって，自然，文化，歴史，産業など，地域のあらゆる資源を生かすことによって，交流を振興し，活力あふれるまちを実現するための活動（アジア太平洋観光交流センター観光まちづくり研究会，2000）」等が見られていることから，こうした外来型開発と観光まちづくりを同一のものとしない議論があることには留意すべきである[24]．

## （3）ニューツーリズム・着地型観光

　着地型観光[25]が登場した背景として尾家（2008）は，①消費者の観光ニーズの成熟により体験・交流・本物への志向が高まるとともに，市場の多様化が顕著となったこと，②インターネットの進歩と普及により，観光地から消費者へのダイレクトな情報発信が容易に，且つ安価になったこと，③交通手段の多様化と個人化により移動の選択肢が増えたこと，④地場産業と第一次産業・第二次産業の衰退により，地域が観光産業振興策を取らざるを得なくなったこと，⑤日本人のライフスタイルや生活文化に関心を抱く外国人旅行客が増加し，地域のよりきめ細かい対応が必要とされていること等を列挙している．

　先述した「第1世代の観光まちづくり」に対比する形で，敷田・内田（2009）は新たに地域から観光を作り出し，地域関係者が主体的に観光に関わるようになった形式のまちづくりを「第2世代の観光まちづくり」「第3世代の観光まちづくり」と呼んでいる．第2世代の観光まちづくりと第3世代のそれとの違いだが，第2世代においてはマーケティング能力の不足に伴う地域外の動向を無視した地域磨きに走ることが多く，

地域資源の付加価値向上だけを競い，結果として旅行商品を作ったものの観光による利益が減り，持続可能でなかったことを指摘している（敷田，2009）．ブランディングやマーケティングの重要性を加味した形で観光客の受け入れや地域資源への還元並びに再投資を行うことで持続可能なモデルとするのが「第3世代の観光まちづくり」としている．

　上述したような着地型観光や観光まちづくりにおいては，まずは観光資源にするための地域資源の発掘が重要視されていることがわかり（金井，2008；敷田・内田，2009など），その上で地域資源への再投資など，いわゆる持続可能性にも着目している．こうした概念を基に，観光を起点とする地域活性化の動きが盛んに見られており，事例研究を中心とした研究蓄積も進んでいる．したがって，近年の観光による地域活性化においても「内発的発展」はキーワードとなっていると指摘できる．このように，地域が観光に活性化の活路を見い出し，地域資源を中心に観光資源を開発する動きが数多く見られている．

　本研究では，これらの内発的発展，ニューツーリズムによる地域活性化手法の有力候補として観光列車を分析するものとする．

## 注

[1] こうした水戸観梅列車における様々な歓迎やサービスは，三宅（2016）によると，廃止騒動後に存続が決定した際，割引切符が廃止されることに伴い利用客の減少が危惧されたことから行われ始めた．
[2] 「ロマンスカー」は小田急電鉄の特急型車両として現在もその名が受け継がれているが，小田急以外でもロマンスシートという2人掛け座席を搭載した車両が「ロマンスカー」と呼ばれていた．
[3] 大井川鐵道におけるSL列車の導入の経緯については第11章で詳述している．
[4] JR九州発足後の観光列車戦略については藤田・榊原（2017）が詳しい．
[5] JR北海道とデンマーク国鉄は姉妹鉄道の関係にあり，ノースレインボーエクスプレスのほか，キハ261系など通常の特急型車両でも提携してデザインしている．
[6] その後，SLみなかみの愛称が主として用いられ，現在は「SLぐんま みなかみ」の愛称で運行を継続している．
[7] 同上．
[8] 2009年に導入された「海幸山幸」の改造前の車両は高千穂鉄道を運行していたトロッコ型車両だが，トロッコ型車両としての設備（大型テーブルの設置や窓の未設置）は取り外されている．

9「TRAIN SUITE 四季島」はJR北海道エリアにも期間限定で乗り入れている.

10「ななつ星in九州」「TRAIN SUITE 四季島」の公式HPに「クルーズトレイン」との表記がある. https://www.jreast.co.jp/shiki-shima/, https://www.cruisetrain-sevenstars.jp/（2020年5月12日最終アクセス）

11 https://www.tourism.jp/tourism-database/glossary/tourist-train/（2020年5月11日最終アクセス）

12 JNTOは併せて"Scenic Railway Journeys"（https://www.jnto.go.jp/scenic-railways/, 2020年5月12日最終アクセス）で日本各地の観光列車を取り上げているが, ここでは地方の美しい自然などを楽しめる路線という文脈で観光列車が紹介されている.

13 以降の各章での分析においては, この広義の定義を踏まえた形で各分析に即した形での狭義の定義を都度行うこととする.

14 新納（2019）は「箱根に行きたいから小田急と箱根登山鉄道に乗るのではなく, 小田急ロマンスカーに乗りたいから, ついでに箱根に行く」というケースを挙げ, 鉄道が本源的需要として機能していることを指摘している.

15 財団法人国際交通安全学会編（1998）, p.42.

16 表4-1, 表4-2では「TOHOKU EMOTION」「フルーティアふくしま」「或る列車」「おれんじ食堂」「旅するレストラン　52席の至福」「THE RAIL KITCHEN CHIKUGO」「一万三千尺物語」「ことこと列車」が該当する.

17 鉄道が観光資源の役割を持つことを論じた研究に立松（2006）などがある.

18 この他にも, 秋田内陸縦貫鉄道でも一部区間の乗車体験を旅行ツアーのプログラムに組み入れている事例がある.

19 本研究では「イベント列車」と呼ぶ.

20 代表例としては和歌山電鐵の「たま駅長」が挙げられる. このように動物をシンボルとする鉄道事業者が見られている中,「鉄道むすめ」と呼ばれるアニメのキャラクターのような形でイメージキャラクターを新たに作る鉄道事業者も見られており, こうしたキャラクターに関するグッズが製作されている.

21 明知鉄道の「食堂列車」や車内でイベントを実施する列車については, 通常使用している車両にテーブルを設置する或いは車内を装飾することで運行していることから, 車両を改造することなく運行しているケースも見られる.

22 本研究でこうした要素を搭載している観光列車について博物館的機能の視点で論じている. 詳しくは第10章を参照されたい.

23 現地調査より.

24 この他の観光まちづくりの定義や特徴については森重（2015）が詳しい.

25 尾家（2008）は着地型観光を「地域住民が主体となって観光資源を発掘, プログラム化し, 旅行商品としてマーケットへ発信・集客を行う観光事業への一連の取り組み」としている.

# 第5章

## 観光列車の導入の経済的持続可能性評価
## ―「伊予灘ものがたり」等

### 5-1．観光列車のコストと効果

　観光列車は多くのケースで運賃以外の料金部分を設定している，或い
は食事等をパッケージ化し旅行商品として販売していることから単価は
通常の列車よりも高くなることが一般的である．それ故，通常の列車を
運行するときに比べて多くの収益を獲得できることになる．つまり，収
益を拡大するという視点では単に輸送サービスを提供するだけではな
く，付加価値を提供とともに特別料金を設定することが可能な観光列車
は有力な手法であると指摘できる．

　その一方で，観光列車は基本的に専用車両を新造するまたは旧型車両
を改造することで投入されている．近年の観光列車においては，クルー
ズトレインに代表される豪華観光列車のように，新造車両も見られてい
る一方で，地方鉄道においては旧型車両の改造が主流である．新造車両
と比較すると低廉に抑えられるとはいえ，旧型車両の改造でも観光列車
の導入にはコストがかかる．したがって，そのコストに見合うだけの収
益が生じるかどうかも重要な要素となってくる．ここでは本研究におい
て中心となっている観光列車であるJR四国の「伊予灘ものがたり」の
コストとその効果についてみた後[1]，その他の一部の観光列車について
も，統計資料から試算することでコストと効果の把握を試みる[2]．

## 5-2．観光列車の費用・効果の分析

### （1）「伊予灘ものがたり」のコスト

　「伊予灘ものがたり」では，車両の改造費用として約１億5000万円を要している[3]．この部分がイニシャルコストになるが，会計上は減価償却費として計上しており，2014年度は約2200万円，2015年度は約2400万円，2016年度は約2000万円を計上している．この他，運行初年度のみ別途約2900万円が計上されている．

　列車を運行するにあたって，当然ながらイニシャルコストのみならず人件費などのランニングコストも必要となるが，「伊予灘ものがたり」のランニングコストについては，2014年度は約9700万円，2015年度は約１億6700万円，2016年度は約１億6800万円をそれぞれ計上している．「伊予灘ものがたり」は2014年７月に運行開始したため運行初年度のみランニングコストは他の年度に比べて低廉だが，運行日数で除した１日当たりのランニングコストを推計すると，2014年度は約98万円，2015年度は約106万円，2016年度は約93万円となっている．１日当たり４便運行していることから１便当たりに換算すると，2014年度は約24万円，2015年度は約27万円，2016年度は約23万円であることから，１便当たり25万円前後のランニングコストが計上されていることになる．

　減価償却費を加算したトータルコストは年間で2014年度は約１億4800万円，2015年度は約１億9100万円，2016年度は約１億8800万円となっている．１日当たりに換算すると，2014年度は約149万円，2015年度は約122万円，2016年度は約104万円となっていることから，運行日数が増加すればするほどトータルコストは下がっていることから，規模の経済が働いていることも同時に示唆されている．これは新納（2017）の指摘をデータから実証的に裏付けたものとも言える．

### （2）「伊予灘ものがたり」の効果

　「伊予灘ものがたり」は旅行商品等で乗車する場合を除き，運賃に加え普通列車グリーン車指定席の料金が追加で必要となる．直接の運輸収

表5-1　伊予灘ものがたりのコスト

| 費用（経費） | | | | | |
|---|---|---|---|---|---|
| 年度 | 減価償却（円） | ランニングコスト（円） | その他初期費用（円） | コスト計（円） | 運行日数 |
| 2014年度 | 22,000,000 | 97,000,000 | 29,000,000 | 148,000,000 | 99 |
| 2015年度 | 24,000,000 | 167,000,000 | 0 | 191,000,000 | 157 |
| 2016年度 | 20,000,000 | 168,000,000 | 0 | 188,000,000 | 180 |
| 1日当たり費用（経費） | | | | | |
| 年度 | 減価償却（円） | ランニングコスト（円） | その他初期費用（円） | コスト計（円） | 運行日数 |
| 2014年度 | 222,222 | 979,798 | 292,929 | 1,494,949 | 99 |
| 2015年度 | 152,866 | 1,063,694 | 0 | 1,216,561 | 157 |
| 2016年度 | 111,111 | 933,333 | 0 | 1,044,444 | 180 |
| 1便当たり費用（経費） | | | | | |
| 年度 | 減価償却（円） | ランニングコスト（円） | その他初期費用（円） | コスト計（円） | 運行日数 |
| 2014年度 | 55,556 | 244,949 | 73,232 | 373,737 | 99 |
| 2015年度 | 38,217 | 265,924 | 0 | 304,140 | 157 |
| 2016年度 | 27,778 | 233,333 | 0 | 261,111 | 180 |

出所：JR四国（2018a）より著者作成.

入について，2014年度は約2600万円，2015年度は約4600万円，2016年度は約5200万円となっている．先述した通り，2014年7月に運行開始したことから運行初年度である2014年度は運輸収入が少ないが，運行日数当たりの直接運輸収入を計算すると，2014年度は約26万円，2015年度は約29万円強，2016年度は約29万円弱となっている．

　「伊予灘ものがたり」においては，運賃と料金収入からなる直接運輸収入に加え，車内での食事メニューの提供やアテンダントによる車内販売が行われていることから，これらによる収入も生じる．鉄道事業の統計において，この部分は一般に運輸雑収入として捉えられ，「伊予灘ものがたり」の各年度の運輸雑収入は，2014年度が約4000万円，2015年が約8200万円，2016年度が約8500万円となっている．運行日数で除した1日当たりの運輸雑収入は，2014年度は約40万円，2015年度は約52万円，2016年度は約47万円であり，1便当たり10万円前後の運輸雑収入が生じていることになる．運輸雑収入の額からもわかるように，直接運輸収入よりも大きいことから，観光列車の魅力を高めることで車内での食事やグッズ販売からの収入を増加させることが，観光列車から直接的に得ら

れる効果を向上させるために重要であると指摘できる.

　上述した直接運輸収入と運輸雑収入は「伊予灘ものがたり」の運行で
直接的に得られる収入であるが,「伊予灘ものがたり」に乗車する前や
乗車後にJR予讃線の特急「しおかぜ」「いしづち」「宇和海」などを利
用するケースが考えられる. JR四国はこの点を考慮した誘発効果を試
算しており, その額について, 2014年度は約2900万円, 2015年度は約
6400万円, 2016年度は約6200万円と試算されている. 1日当たりに換算
すると, 2014年度は約29万円, 2015年度は約41万円, 2016年度は約34万
円となっている. この点からもわかるように, 観光列車前後の鉄道利用
を意味する誘発効果部分も小さくなく, むしろ全ての年度において直接
運輸収入より大きい.「伊予灘ものがたり」の運行距離と所要時間をそ
れぞれ見てみると, 松山〜伊予大洲便で55.1kmを約2時間強, 松山〜
八幡浜便で68.4kmを2時間20分前後で走行している. 普通列車を利用
した場合でも松山〜伊予大洲間は1時間半足らず, 松山〜八幡浜間は約
2時間であることから, 運行距離に対して乗車時間が長く, その分観光
列車の旅を楽しめる反面, 距離が短いことは距離に応じて変動する運賃
収入が少ないことを意味しており, その前後の相対的に長距離となりや
すい特急利用を中心とする利用からの収入が大きくなったものと思われ
る[4]. なお, ここまでに上げた3つのセグメント別の収入については表
5−2に記載している.

　また, 観光列車には地域経済への効果ももたらしうる. 詳しくは第9
章を参照されたいが,「伊予灘ものがたり」の事例では, 1年あたりの
経済効果は8408万8206円と推計された.「伊予灘ものがたり」の改造費
用は約1億5000万円であることから, 約2年で改造費用に匹敵するほど
の地域経済への効果が見られたことが示唆されている[5].

## （3）「伊予灘ものがたり」の費用対効果

　JR四国（2018）より「伊予灘ものがたり」の収支について見ていくと,
運行初年度の2014年度は約5200万円の赤字, 2015年度は約30万円の黒字,
2016年度は約1050万円の黒字が計上されている. 運行初年度については

表5-2　伊予灘ものがたりの鉄道事業者に対する効果

| 収入 | | | | | |
|---|---|---|---|---|---|
| 年度 | 直接鉄道運輸収入（円） | 運輸雑収入（円） | 誘発効果（円） | 収入計（円） | 運行日数 |
| 2014年度 | 26,000,000 | 40,000,000 | 29,000,000 | 95,000,000 | 99 |
| 2015年度 | 46,000,000 | 82,000,000 | 64,000,000 | 192,000,000 | 157 |
| 2016年度 | 52,000,000 | 85,000,000 | 62,000,000 | 199,000,000 | 180 |
| 1日当たり収入 | | | | | |
| 年度 | 直接鉄道運輸収入（円） | 運輸雑収入（円） | 誘発効果（円） | 収入計（円） | 運行日数 |
| 2014年度 | 262,626 | 404,040 | 292,929 | 959,596 | 99 |
| 2015年度 | 292,994 | 522,293 | 407,643 | 1,222,930 | 157 |
| 2016年度 | 288,889 | 472,222 | 344,444 | 1,105,556 | 180 |
| 1便当たり収入 | | | | | |
| 年度 | 直接鉄道運輸収入（円） | 運輸雑収入（円） | 誘発効果（円） | 収入計（円） | 運行日数 |
| 2014年度 | 65,657 | 101,010 | 73,232 | 239,899 | 99 |
| 2015年度 | 73,248 | 130,573 | 101,911 | 305,732 | 157 |
| 2016年度 | 72,222 | 118,056 | 86,111 | 276,389 | 180 |

出所：表5-1に同じ.

約8か月間しか運行がなく運行日数が少なかったことから，毎年度ほぼ同額の減価償却費並びに，初年度のみ計上されている経費が負担となり赤字となっているが，年間通しての運行が行われ始めた2015年度からは黒字となっている．したがって，「伊予灘ものがたり」の導入は運行事業者であるJR四国に対してプラスの効果をもたらしているものと言える．

　「伊予灘ものがたり」の運行によって年間当たり約8400万円の経済波及効果が見られたことから，次に地域経済の効果を踏まえたときの費用対効果について見ていくと，運行初年度は経済波及効果を約5600万円[6]とすると約400万円のプラス，2015年度は約8400万円強のプラス，2016年度は約9500万円のプラスとなっている．

　ところで，先述したように，年間当たりの収入は前年度比で増加を示していることから，運行初年度は赤字であったものの，2015年度には黒字となり，2016年度には黒字額を一気に増加させている．しかし，1日当たりの収入に換算すると，必ずしも運行日数の増加と比例して収入が増加しているとはいえず，直接運輸収入・運輸雑収入・誘発効果分の全

てのセグメントにおいて2016年度は前年度比で若干ではあるがマイナスとなっている．その一方で，「伊予灘ものがたり」の事例においては規模の経済が働いていることが示唆されていることから，運行日数の増加とともに必要なコストは低下している．したがって，運行日数を増加させる方がコスト面にとっては有効な戦略であるとも指摘できる．

しかしながら，第9章で詳述しているが，「伊予灘ものがたり」の場合は沿線地域の諸アクターとの関わりが同列車における観光価値を構成していることを踏まえると，運行日数の増加は観光価値の持続性を消失させる可能性をはらんでいることから，運行日数の安易な増加は戦略として不適であるとも言える．これは鉄道事業者に対する影響だけではなく，観光価値の低下が観光列車の魅力低下につながると沿線地域への効果も低下することから，観光列車の魅力低下に伴う運輸収入の減少以上の影響がもたらされる可能性がある．つまり，規模の経済によるコスト削減効果と運行日数を大幅に増加させないことによる観光価値の維持という相反する性質のバランスをうまく保ちながら，運行を継続させることが肝要であると考えられる．

このような性質を観光列車は有している中で，「伊予灘ものがたり」は両方の性質のバランスを取ることで鉄道事業者並びに沿線地域に対して効果をもたらしていることがわかる．「伊予灘ものがたり」の事例より，観光列車の導入は鉄道事業者の経営改善効果と沿線地域の活性化に有用な政策であると指摘でき，同列車の費用対効果の分析および，本研究で次章以降行う分析より得られた示唆を活用することで，観光列車政策が有効に機能すると考えられる．

### （4）JR九州の観光列車の分析

JR九州では2018年度から路線・区間ごとの営業係数[7]を公表している．ここでは，観光列車を通年で運行しており，尚且つ観光列車戦略に力を入れていると考えられるJR九州に着目し[8]，線区（区間）別収支の記載されている線区における2018年度の営業係数を見ていく．全区間で観光列車が導入されている区間は5区間ある（表5-3）．肥薩線（人吉～吉

松）の営業係数は527.9で営業係数からすると赤字路線であるが，ほぼ２倍の輸送密度である日南線（油津～志布志）の営業係数と比較すると半分以下であることがわかる．他の観光列車導入路線とそれ以外の同規模の路線とを比較しても，全体的に観光列車導入路線において営業係数が低いことが見て取れる．

　そこで，被説明変数に営業係数を，説明変数に輸送密度・観光列車ダミー・特急列車ダミー（日豊本線２区間および宮崎空港線）を投入した以下のモデルを構築し分析を行う．

$$OR_i = a + \beta D_i + \gamma TD_i + \delta LD_i + \varepsilon_i$$

　$OR$は営業係数，$D$は輸送密度，$TD$は観光列車ダミー，$LD$は特急列車ダミー，$\varepsilon$は誤差項を，添え字$i$は各路線をそれぞれ示している．記述統計量については表５-４に記載している．このモデルで重回帰分析を行ったところ，全ての説明変数において５％水準で，負で有意となった（表５-４）．これは，需要の程度を示す輸送密度が高まるほど営業係数の改善に繋がっていることに加え，観光列車の導入および特急列車の運行についても営業係数の改善に寄与していることが定量的に示唆されている．つまり，観光列車は経営改善効果を有しているものと思われる．

　とはいえ，同社においても観光列車の導入路線が赤字である（営業係数が100を上回っている）ことから，観光列車は導入路線（区間）における経営改善には寄与していると言えるものの，赤字を埋め合わせるほどの起爆剤的効果は有していないともいえる．

### （5）観光列車の外部効果

　観光列車はそれ自体が鉄道事業者に対して直接的にもたらす効果だけではなく，観光目的の利用者の送客を通じた沿線の地域活性化の効果という外部効果も持ち合わせており，ここも無視できない部分となる．また，京都丹後鉄道の事例においても，沿線地域の様々なアクターと連携することで観光列車の価値を高めている．「伊予灘ものがたり」での費

用対効果の分析からもわかるように，観光列車の効果を捉える際はここで見たような鉄道事業者に対する効果のみならず地域経済への効果も重要であることが改めて指摘できる．

### 表5-3 2018年度におけるJR九州の線区（区間）別収支

| 線名 | 区間 | 営業キロ (km) | 営業収益 (百万円) | 営業費 (百万円) | 営業損益 (百万円) | 輸送密度 (人／日) | 営業係数 (管理費除く) |
|---|---|---|---|---|---|---|---|
| 肥薩線 | 人吉～吉松 | 35.0 | 61 | 322 | ▲ 261 | 105 | 527.9 |
| 日南線 | 油津～志布志 | 42.9 | 38 | 436 | ▲ 398 | 193 | 1147.4 |
| 筑肥線 | 伊万里～唐津 | 33.1 | 39 | 232 | ▲ 193 | 222 | 594.9 |
| 指宿枕崎線 | 指宿～枕崎 | 42.1 | 43 | 448 | ▲ 405 | 291 | 1041.9 |
| 肥薩線 | 八代～人吉 | 51.8 | 271 | 844 | ▲ 573 | 455 | 311.4 |
| 吉都線 | 吉松～都城 | 61.6 | 90 | 430 | ▲ 341 | 465 | 477.8 |
| 肥薩線 | 吉松～隼人 | 37.4 | 120 | 479 | ▲ 359 | 656 | 399.2 |
| 日豊本線 | 佐伯～延岡 | 58.4 | 396 | 1,070 | ▲ 674 | 889 | 270.2 |
| 唐津線 | 唐津～西唐津 | 2.2 | 33 | 262 | ▲ 229 | 1,005 | 793.9 |
| 日南線 | 田吉～油津 | 44.0 | 212 | 697 | ▲ 485 | 1,160 | 328.8 |
| 三角線 | 宇土～三角 | 25.6 | 157 | 430 | ▲ 273 | 1,242 | 273.9 |
| 後藤寺線 | 新飯塚～田川後藤寺 | 13.3 | 76 | 255 | ▲ 179 | 1,315 | 335.5 |
| 日豊本線 | 都城～国分 | 42.2 | 442 | 833 | ▲ 392 | 1,438 | 188.5 |
| 宮崎空港線 | 田吉～宮崎空港 | 1.4 | 94 | 99 | ▲ 6 | 1,918 | 105.3 |

出所：JR九州「線区別収支（平均通過人員が2,000人／日未満の線区）」．
（https://www.jrkyushu.co.jp/company/info/data/pdf/2018senkubetu_bp.pdf, 2020年9月19日最終アクセス）
※2016年の熊本地震，2017年並びに2018年の豪雨災害の影響により運休区間が発生している路線については除外している．該当区間は筑豊本線（桂川～原田），日田彦山線（田川後藤寺～夜明），久大本線（日田～由布院），豊肥本線（肥後大津～宮地）（宮地～豊後竹田）（豊後竹田～三重町）の4路線，6区間である．
また，日豊本線（佐伯～延岡）（都城～国分），宮崎空港線（田吉～宮崎空港）の3区間については，観光列車以外の都市間特急が運行している．

### 表5-4 分析結果

| 説明変数 | 係数 | 頑健標準誤差 | t値 | VIF | |
|---|---|---|---|---|---|
| 定数項 | 885.928 | 150.082 | 5.903 | — | *** |
| 輸送密度 | -0.265 | 0.113 | -2.340 | 1.569 | * |
| 観光列車ダミー | -326.132 | 120.585 | -2.705 | 1.204 | * |
| 特急ダミー | -323.320 | 133.320 | -2.425 | 1.822 | * |
| Adj. $R^2$ | 0.601 | | | | |
| 観測値数 | 14 | | | | |
| | $\chi^2$ | | | p値 | |
| Breusch-Pagan検定 | 11.315 | | | 0.010 | |

※ *** は0.1%，* は5%水準で有意であることを示す．Breusch-Pagan検定の結果，等分散性の帰無仮説が棄却されたことから，頑健標準誤差を用いて有意性判定を行っている．

## 5-3．観光列車導入に関する諸制度

### （1）概観

　上述のとおり，地域活性化への効果（外部効果）を観光列車が有していることを踏まえると，その効果を享受する沿線自治体側が観光列車の導入費用を（部分的に）負担することの正当性を持つ．つまり，国や自治体側による補助金の設定である．

　「伊予灘ものがたり」の事例において，同列車は自社財源で導入されているが，もしも車両の改造費用（減価償却費）をJR四国が負担しなくてよいものと仮定した場合，経済波及効果を考慮せず鉄道事業者の収支だけを捉えたケースでは，2014年度は約3100万円の赤字，2015年度は約2500万円の黒字，2016年度は約3100万円の黒字となる．経済波及効果を考慮すると，2014年度は約5300万円のプラス，2015年度は約1億900万円のプラス，2016年度は約1億1500万円のプラスとなる．

　我が国では上下分離方式が少しずつではあるが導入されつつあり，その中には車両を固定費用部分とみなし，何らかの形で自治体が補助を実施するという枠組みは地方鉄道の維持・振興に係る政策として実際に行われている（詳しくは1章を参照されたい）．また，国や沿線自治体が観光列車の改造費用を部分的に負担しているケースは見られている．ここで，国土交通省が観光列車をどのように捉えているかを押さえた上で，観光列車導入に関する諸制度について見ていこう．

### （2）観光列車に対する国土交通省の認識と国による制度

　国土交通省が2018年7月にJR北海道に対して発出した「事業の適切かつ健全な運営に関する監督命令」において，JR北海道の経営改善の取り組みに「観光列車の充実」を挙げていることから[9]，国交省は観光列車を経営改善の手段として活用するよう促していることがわかる．JR北海道はこの要求を受け，観光列車にも対応可能なキハ261系の新造並びにキハ40形の改造，JR東日本の「びゅうコースター風っこ」車両を活用した観光列車の宗谷本線での運行，東急・伊豆急行が運行してい

る「THE ROYAL EXPRESS」による道内周遊型の観光列車の運行を実施した[10]．また，「地域鉄道の再生・活性化モデル事業の検討調査報告書」が国交省から刊行されており，同報告書では観光列車に関する取り組みとして，大井川鐵道のSL列車や明知鉄道の急行大正ロマン号などの事例が記載されている．これらの点から，観光列車の役割の重要性を国交省も認識しているものと考えられる．

観光列車の改造等に利用可能な国交省の助成制度としては「観光振興事業費補助金（公共交通利用環境の革新等事業）」が挙げられる（表5-5）．実際に活用された事例としては，2020年7月に導入されたJR四国の観光列車「志国土佐　時代の夜明けのものがたり」が該当する[11,12]．

くま川鉄道の観光列車「田園シンフォニー」に用いられている車両は，国交省の支援制度である「地域公共交通確保維持改善事業費補助金」を活用して新造された．同列車に用いられている車両は通常の旅客営業列車にも使用されており，観光列車としての運行時は車内におけるサービス等を高めている．即ち，観光列車にも対応できる一般型車両としての位置づけであり，安全性向上に寄与するという名目で車両更新のタイミングで導入することで，先の支援制度を活用でき，観光列車用の車両の新規導入につなげた．

長良川鉄道では観光列車「ながら」として3両（1号車が森号，2号車が川号，3号車が川風号）が導入されており，3両とも既存の一般型車両を改造したものである．最初に導入された森号・川号の総事業費約6000万円のうち，4200万円を総務省の地域経済循環創造事業交付金で賄っている（坂本・大野，2020）．このように，国交省以外の支援制度を活用している事例も存在している．

### （3）地方自治体による制度

一部の鉄道事業者では，沿線自治体の助成金を活用して観光列車の導入につなげている．先述した長良川鉄道の観光列車「ながら」の川風号の導入費約1500万円のうち，1000万円は岐阜県地方鉄道利用促進対策事業補助金が活用されている（坂本・大野，2020）．第13章でも述べるが，

**表5-5　観光振興事業費補助金（公共交通利用環境の革新等事業）の概要**
**（鉄道関連）**

| 補助対象 | 1）多言語対応 | 同時に実施する必要がある |
|---|---|---|
| | 2）無料 Wi-Fi サービス | |
| | 3）トイレの洋式化 | |
| | 4）キャッシュレス決済対応 | |
| | 5）非常用電源設備 | |
| | 6）旅客施設の段差解消，LRT システム，荷物置き場の設置 | |
| | 7）観光列車，サイクルトレイン等 | |
| 補助率 | 補助対象経費の1／2（1～4のうちいずれかを既に実施済みの場合は1／3） | |
| 対象事業者 | 鉄軌道事業者・索道事業者<br>但し，JR 東日本・JR 東海・JR 西日本及び大手民鉄・準大手民鉄の東京駅・大阪駅から半径 50km，名古屋駅から半径 40km以内の範囲を除く．<br>（空港アクセス路線については補助対象） | |

出所：国土交通省「観光振興事業費補助金交付要綱（FAST TRAVEL 推進支援事業・公共交通利用環境の革新等事業・観光地の「まちあるき」の満足度向上整備支援事業・歴史的観光資源高質化支援事業・シェアサイクル導入促進事業・観光地域振興 無電柱化推進事業・古民家等観光資源化支援事業・「道の駅」インバウンド対応拠点化モデル事業）」（https://www.mlit.go.jp/common/001286157.pdf, 2020年9月21日最終アクセス）より著者作成．

　京都丹後鉄道の「丹後くろまつ」「丹後あかまつ」「丹後あおまつ」の導入に係る改造費用についても沿線自治体の補助金が用いられている．

## （4）その他

　長良川鉄道の「ながら」川風号は先述した地方自治体による補助金だけではなく，クラウドファンディングも活用している．クラウドファンディングで集まった額は224万1000円である（坂本・大野，2020）．

## 5-4．観光列車政策の方向性

　上下分離による鉄道のインフラ部分の公的機関の保有が行われているケースは，日本においても鉄道事業再構築事業を通じて徐々に見られ始めているが，これは今のところ地域輸送の観点が中心となっている．地域輸送が重要なのは言うまでもないが，先に述べたように，同時に交流人口の増加を企図した観光に関する取り組みの実施も今後の鉄道事業の

維持・振興には重要な意味を持つ．前節で示したように，観光列車の導入は鉄道事業者に対して利用者数の増加や営業係数の改善などの効果を有しているものと思われ，この点から，観光列車は鉄道事業の維持・振興に有用なツールであると指摘できる．

　鉄道は固定費が莫大であるため，輸送量が増えれば増えるほど旅客1人当たりの平均費用が減少するという特性を有していることから（費用逓減産業），観光目的の鉄道利用者の増加を企図した戦略は鉄道事業と親和性が高いものと言えるが[13]，こうした観光需要の創出を観光列車の導入を通じて捉えた場合，車両そのものの新たな導入は費用を増加させることにもつながる．経営体力の乏しい地方鉄道事業者において，自社財源による新しい観光列車の導入は簡単なことではない．

　その一方で，観光列車の導入は鉄道の維持・振興のみならず，先述したように地域経済の活性化にも寄与し，その効果は小さくないことが示唆されている．したがって，観光列車の導入は意義のある鉄道政策の一種だと指摘できる．こうした地域経済への効果という側面から，車両の導入費用を国や沿線自治体等の公的機関が負担し，車両導入に伴う鉄道事業者が負うコストを軽減あるいは0とすることは有用な方策であると考えられる．そして現状では，第3セクターを含む民鉄事業者のみならず，JRグループであるJR四国においても公的機関の助成制度を活用することで観光列車の導入につなげており，観光列車の導入が助成対象として明記されている「観光振興事業費補助金」のみならず，「地域公共交通確保維持改善事業費補助金」や「地域経済循環創造事業交付金」等の既存の様々な助成制度を活用している．

　鉄道事業再構築事業による公有民営の上下分離に伴う，インフラ部分の鉄道の運営事業者からの分離など，以前と比較し支援制度が充実してきているのは間違いないが，同事業においても金銭的な補助は設備整備の費用や車両や鉄道施設の維持・修繕費の補助に留まり，観光への取り組みはあくまでも経営改善施策の中に盛り込まれているに過ぎず，それに関する補助金は異なる制度となる．観光列車が助成対象となる「観光振興事業費補助金」については，補助金額が1／2あるいは1／3となっ

ており，対象事業者も限定されている．その結果，ローカル線を多く有
しているJR本州3社はこの補助を受けることができない．

　観光列車導入による鉄道事業の維持・振興は単に観光需要の創出だけ
ではなく，鉄道事業の経営改善を通じて，地域輸送の維持にも寄与する
ことになる．観光列車への助成制度を含む観光列車政策の拡充は，地域
輸送の確保・観光需要の創出・沿線地域の活性化を両立させると考えら
れることから，今後の鉄道政策の在り方の1つとして検討に値するもの
と言えるだろう．

　また，近年は災害により路盤が流出するなどし，鉄道路線の運休が余
儀なくされることが増えてきている．特に2020年7月には豪雨により，
JR九州の肥薩線で球磨川第1・第2橋梁が流されるなどの大きな被害
を受け，2020年9月現在，八代～人吉～吉松間が運休となっている．肥
薩線では通常，熊本～八代～人吉間を走る「かわせみ　やませみ」「SL
人吉」，熊本～八代～人吉～吉松間を走る「いさぶろう・しんぺい」，吉
松～隼人～鹿児島中央間を走る「はやとの風」の4つの観光列車が運行
しているが，上述の豪雨災害での被災区間を運行している「かわせみ
やませみ」「SL人吉」「いさぶろう・しんぺい」が当面の間運休となった．
その結果，新型コロナウイルス感染症の影響もあると考えられるが，こ
れらの列車に（から）接続する「はやとの風」の利用が2020年8月1日
～22日の実績で運行再開している観光列車（D&S列車）の中で唯一の
乗車率10%台（11%）と伸び悩み，暫く運休することが決定した[14]．

　このケースでは自然災害に起因するものではあるが，接続している（観
光）列車がなくなると，観光列車の効果が一気に消失することにもつな
がりかねない．また，「伊予灘ものがたり」の事例では，同列車の前後
の特急利用に代表される誘発効果部分が非常に大きいものであった．そ
して，京都丹後鉄道の事例においても，観光列車の導入により，特急列
車の利用が増加するという効果も見られていた．つまり，鉄道事業者に
対する観光列車の効果はその列車単体ではなく，その前後の部分（いわ
ば，観光列車へのアクセス・イグレス列車）も含めた形で捉える必要が
あり，この観光列車へのアクセス・イグレス列車も重要な役割を果たし

ているのである．それは，観光列車は鉄道ネットワークを最大限活用して需要創出や増収に繋げられることを意味している反面，そのネットワークが寸断された際に大きな影響を被ることとなる．観光列車の運行している路線が被災を免れたとしても，そこにアクセスする鉄道が被災した場合，当然ながら観光列車の利用は困難なものとなる．こうした特性を踏まえると，鉄道網の復旧が遅れた場合，被害を受けていない線区における地域経済への効果も含めた観光列車効果が逸失することにもつながりかねない．

　現行の災害復旧に係る制度として，「鉄道軌道整備法」に基づく制度や「特定大規模災害等鉄道施設災害復旧事業費補助」があるが，該当する路線に観光列車が導入されているあるいは復旧対象路線に接続する路線で観光列車が運行している場合，先述した逸失する観光列車効果も考慮した上で，判断を実施する必要があると思われる．

## 注

1 「伊予灘ものがたり」のコストおよび効果に関するデータはJR四国（2018a）より得ている．なお，同データについては収益額・支出額は百万円単位，収支は千円単位となっていることから，四捨五入の関係で収入額と支出額から得た収益額と，資料に記載されている収益額は一致しないことに留意されたい．その他の媒体等から得たデータについては都度記載する．
2 観光列車の導入費用を公開しているケースは少ないことから限定的なものとなる．
3 大洲市「広報大洲」2014年8月号，p.2参照．
4 普通列車グリーン料金についても距離に応じて変動するが，当該区分は50kmまで・51km〜100km・101km〜150km・151km以上の4区分であることから，運賃と比較して細分化はされていない．
5 但し，「伊予灘ものがたり」はJR四国の自主財源で改造されていることに留意が必要である．
6 運行日数が約8か月であることから，年間当たりの経済波及効果の2/3の額としている．
7 営業係数とは100円を稼ぐのに要する費用のことである．したがって，100を上回ると赤字路線となる．
8 この点については中村・小長谷（2014），藤田・榊原（2017）を参照されたい．
9 JR北海道（2019）「2019年度以降の新たな観光列車の取り組みについて」，https://www.jrhokkaido.co.jp/CM/Info/press/pdf/20190214_KO_Kankou.pdf（2020年9月15日最終アクセス）
10 所定運行区間はJR東海道本線の横浜駅から伊豆急行線の伊豆急下田駅である．
11 JR四国へのインタビュー調査より．

12 当初は2020年4月に運行開始予定だったが，新型コロナウィルス感染症拡大の観点から運行開始日が延期され，2020年7月4日に運行を開始した.

13 新納（2017）が指摘しているように，従来は私鉄事業者を中心に，沿線に観光施設を開発するなどして観光需要を創出してきた.

14 https://trafficnews.jp/post/99947（2020年9月19日最終アクセス）

# 第6章

## 観光列車の空間的効果（1）
## ― 「端点駅効果」，中間駅「中間帯モデル」

## 6-1．はじめに

### （1）研究目的

　多くの鉄道事業者は沿線外からの観光客誘致に取り組んでおり（新納，2017），その施策の1つとして挙げられる観光列車は近年多くの鉄道事業者で導入されている．JR東日本は地域を活性化して国内観光流動を作り出すことを観光列車の導入の目的として挙げているように（中澤，2016），観光列車は，鉄道事業者の経営戦略のみならず，観光による地域活性化の観点においても重要な意味を持っている．この観点より，観光列車の導入により観光客誘致が成功すれば，地域の交流人口増加に繋がると考えられる．

　しかしながら，観光列車の導入効果を定量的に示した研究は少なく，中でも観光列車の効果が見られている地域とそうでない地域を捉え，その要因を明らかにした研究は見られない．観光列車の導入を通じた交流人口増加に伴う地域活性化を達成するためのファクターを明らかにすることは，各地域の観光戦略に重要な意味を持つと考えられる．そこで本稿では，観光列車の導入効果を，観光列車停車駅の特質から捉え，その効果の現状を明らかにする．

### （2）観光列車による観光まちづくりの可能性

　観光客の誘致は沿線地域の活性化に繋がると考えられ，観光列車の導入が交流人口の増加に寄与すれば，観光列車による観光まちづくりが達成できるものと思われる．

観光列車は列車そのものを観光目的の１つとすると，始発・終着駅（以下，端点駅）では多くの利用者が乗降することから交流人口の増加に繋がりやすいものと考えられるが，中間駅に関しては利用者が立ち寄る動機がなければ途中下車は行わない．即ち中間駅周辺の地域が観光列車による観光まちづくりを達成するには，端点駅と比べハードルが高いものと思われる．

## 6-2．使用データ・分析手法

### （1）使用するデータ
　本稿では，2019年１月時点で駅別乗車人員データが公表されている2012年度〜2017年度に新たに運行を始めたJR東日本の「のってたのしい列車」および，JR四国の「伊予灘ものがたり」の停車駅をサンプルとして抽出している．なお，分析期間中に欠損が見られる或いは非公開の駅は除外している．これらのデータを用いた理由は定期外の定期外乗車人員数が公表されているためであり，他の鉄道事業者が公表している駅別乗車人員数（或いは乗降人員数）の場合は定期利用も含まれていることから，推計に不向きであると判断した．

## 6-3．パネル分析と散布図分析

### （1）パネル分析の結果（端点駅・中間駅）
　本研究では，パネル分析を，効果が高いと考えられる端点駅とその他駅（中間駅）で区分したうえで実施する．モデル式は以下のとおりである．

$$\ln Q_{i,t} = a_i + \beta_1 \ln P_{i,t} + \beta_2 \ln G_{i,t} + \beta_3 \ln S_{i,t} + \beta_4 D_{i,t} + \beta_5 DS_{i,t} + \beta_6 DO1_{i,t} + \beta_7 DO2_{i,t} + \varepsilon_{i,t}$$

　$Q$は１日あたり定期外乗車人員，$P$は駅所在市町村の人口，$G$は駅所

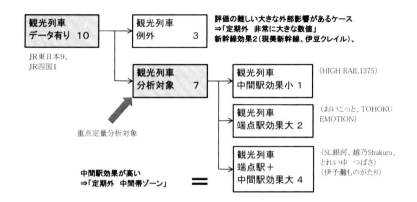

図6-1　分析対象

（データのある10列車のうち，特殊事情のない7列車を対象とする.）

著者作成.

表6-1　本研究の対象列車と停車駅

| | 列車名 | 導入年 | 運行区間 | 停車駅 | | | |
|---|---|---|---|---|---|---|---|
| 1 | HIGH RAIL 1375 | 2017 | 小淵沢～小諸 | * 小淵沢 | 清里 | 野辺山 | 信濃川上 |
| | | | | 小海 | 八千穂 | 臼田 | 中込 |
| | | | | 岩村田 | （佐久平） | * 小諸 | |
| 2 | おいこっと | 2015 | 長野～十日町 | （* 長野） | 替佐 | （飯山） | 戸狩野沢温泉 |
| | | | | 森宮野原 | 津南 | * 十日町 | |
| 3 | とれいゆ つばさ | 2014 | 福島～新庄 | （* 福島） | 米沢 | 高畠 | 赤湯 |
| | | | | かみのやま温泉 | 山形 | 天童 | さくらんぼ東根 |
| | | | | 村山 | 大石田 | （* 新庄） | |
| 4 | 越乃 Shu*Kura | 2014 | 十日町～上越妙高 | 直江津 | 柏崎 | 来迎寺 | 宮内 |
| | | | | 長岡 | 小千谷 | 越後川口 | * 十日町 |
| 5 | SL 銀河 | 2014 | 花巻 | * 花巻 | （新花巻） | 土沢 | 遠野 |
| | | | | * 釜石 | | | |
| 6 | TOHOKU EMOTION | 2013 | 八戸 | * 久慈 | 鮫 | 本八戸 | （* 八戸） |
| 7 | 伊予灘ものがたり | 2014 | 松山 | * 松山 | 伊予大洲 | * 八幡浜 | |

著者作成.

※*で記している駅は起点駅，（　）は新幹線（乗換）駅を示す.

在県の県庁所在地のガソリン価格，$S$は平日1日あたりの運行本数（定期列車）である[1]．$D$は観光列車導入初年に1，$DS$は観光列車導入2年

目以降に1を取るダミー変数である．*DO1*（新幹線開業ダミー1）は新幹線が開業（延伸）時に正の効果を受けると考えられる駅（長野・飯山・佐久平・八戸）に，*DO2*（新幹線開業ダミー2）は新幹線開業（延伸）に伴って負の効果を受けると考えられる駅（直江津・越後湯沢）にそれぞれ1をとるダミー変数である．添え字は*i*は駅，*t*は年を表している．

人口については「住民基本台帳に基づく人口，人口動態および世帯数調査」の値を，ガソリン価格は「小売物価統計調査」の当該項目を「消費者物価指数（自動車等関係費）」で実質化した値，1日あたり運行本数（平日・定期列車）については，基本的には当該年度のJR時刻表3月号を，観光列車導入年度の駅については観光列車導入時の月号を利用し調査した値を採用した．また，運行本数について内生性が想定されることから，操作変数法（操作変数は前年の運行本数）を用いている．

表6-2が端点駅，表6-3が中間駅の推計結果である．ハウスマン検定およびBreusch-Pagan検定の結果，端点駅・中間駅ともに変量効果モデルが採択された．

観光列車に関するダミー変数より，端点駅では観光列車の導入に伴う正の効果が導入初年・2年目以降ともに有意に示されたことから，端点駅では観光列車の導入が駅の利用増加に繋がっていることが示唆されている．その一方で，中間駅では観光列車導入初年・導入2年目以降ともに有意な結果が得られなかった．中間駅においても，観光地の最寄駅となっていたり（例えば遠野や清里），端点駅と同様に交通の結節点の役割を持つ駅（例えば長岡や新花巻）がある等，様々な特性が考えられる．こうした様々な特性が内包されているが故に，中間駅では観光列車の導入効果はまちまちで，観光列車の導入効果が有意とならなかったものと考えられる．

この結果，まず第1に，「観光列車導入によりすべての端点駅には効果がある」との仮説が採用されたので，端点駅には，観光列車導入による大きな効果があることが明らかとなった（端点駅効果）．端点駅は，観光列車導入政策において，非常に有利な立場にあることがわかる．

　しかしながら，「端点駅だけでなく残りの中間駅も含め全駅・全線に効果がある」，すなわち「観光列車導入により（残りの）すべての中間駅には効果がある」との仮説は採用されなかった．常識的に考えても沿線の駅は機能が集中しているものとそうでないものがあり，「端点駅だけでなく残りの中間駅も含め全駅・全線に効果がある」とは考えにくい．中間駅に対する効果はまばらなものであることが予想される．そこで，中間駅に対するより精密なモデル構築が求められる．

### 表6-2　分析結果（端点駅）

| 端点駅（固定効果モデル） | | | | |
|---|---|---|---|---|
| 説明変数 | 係数 | 標準誤差 | t値 | |
| 人口 | 0.817 | 0.590 | 1.385 | |
| ガソリン価格 | 0.050 | 0.153 | 0.324 | |
| 運行本数 | 0.023 | 0.126 | 0.179 | |
| 観光列車導入初年 | 0.070 | 0.025 | 2.770 | ** |
| 観光列車導入2年目以降 | 0.075 | 0.033 | 2.304 | * |
| 新幹線開業ダミー1 | 0.005 | 0.047 | 0.099 | |
| Adj. $R^2$ | -0.118 | | | |
| 観測値数 | 78 | | | |
| クロスセクション数 | 13 | | | |
| 計測期間 | 2012-2017 | | | |
| | $\chi^2$ | | p値 | |
| Hausman検定結果 | 6.256 | | 0.395 | |

\*\*\*は0.1%，\*\*は1%，\*は5%水準で有意を表す．

| 端点駅（変量効果モデル） | | | | |
|---|---|---|---|---|
| 説明変数 | 係数 | 標準誤差 | t値 | |
| 定数項 | -7.978 | 2.148 | -3.714 | *** |
| 人口 | 1.236 | 0.191 | 6.482 | *** |
| ガソリン価格 | 0.015 | 0.159 | 0.093 | |
| 運行本数 | 0.099 | 0.128 | 0.773 | |
| 観光列車導入初年 | 0.074 | 0.025 | 2.961 | ** |
| 観光列車導入2年目以降 | 0.085 | 0.030 | 2.791 | ** |
| 新幹線開業ダミー1 | -0.004 | 0.050 | -0.079 | |
| Adj. $R^2$ | 0.396 | | | |
| 観測値数 | 78 | | | |
| クロスセクション数 | 13 | | | |
| 計測期間 | 2012-2017 | | | |
| | $\chi^2$ | | p値 | |
| Breusch-Pagan検定 | 158.12 | | 2.20E-16 | |

著者作成．

### 表6-3　分析結果（中間駅）

| 中間駅（固定効果モデル） | | | | |
|---|---|---|---|---|
| 説明変数 | 係数 | 標準誤差 | t値 | |
| 人口 | 1.403 | 0.521 | 2.691 | ** |
| ガソリン価格 | -0.068 | 0.161 | -0.419 | |
| 運行本数 | 1.884 | 0.341 | 5.520 | *** |
| 観光列車導入初年 | 0.005 | 0.025 | 0.218 | |
| 観光列車導入2年目以降 | -0.007 | 0.034 | -0.218 | |
| 新幹線開業ダミー1 | 0.111 | 0.117 | 0.949 | |
| 新幹線開業ダミー2 | -0.100 | 0.107 | -0.938 | |
| Adj. $R^2$ | 0.417 | | | |
| 観測値数 | 216 | | | |
| クロスセクション数 | 36 | | | |
| 計測期間 | 2012-2017 | | | |
| | $\chi^2$ | | p値 | |
| Hausman検定結果 | 5.012 | | 0.659 | |

\*\*\*は0.1%，\*\*は1%，\*は5%水準で有意を表す．

| 中間駅（変量効果モデル） | | | | |
|---|---|---|---|---|
| 説明変数 | 係数 | 標準誤差 | t値 | |
| 定数項 | -3.816 | 1.294 | -2.949 | ** |
| 人口 | 0.176 | 0.112 | 1.562 | |
| ガソリン価格 | 0.010 | 0.155 | 0.067 | |
| 運行本数 | 1.965 | 0.246 | 7.980 | *** |
| 観光列車導入初年 | -0.020 | 0.023 | 0.887 | |
| 観光列車導入2年目以降 | -0.049 | 0.030 | -1.618 | |
| 新幹線開業ダミー1 | 0.084 | 0.097 | 0.862 | |
| 新幹線開業ダミー2 | -0.077 | 0.101 | -0.765 | |
| Adj. $R^2$ | 0.550 | | | |
| 観測値数 | 216 | | | |
| クロスセクション数 | 36 | | | |
| 計測期間 | 2012-2017 | | | |
| | $\chi^2$ | | p値 | |
| Breusch-Pagan検定 | 504.85 | | 2.20E-16 | |

著者作成．

## （2）散布図分析

　そこで，「観光列車導入政策は，すでにある程度観光開発の実があがっているところ，ある程度観光資源の存在があるところに効果がある」という仮説の下，各駅に対し，観光列車導入効果「導入前後の定期外の変化量」を，観光資源をある程度表現する「各駅の定期外利用の現在の量」を指標として，全数を散布図分析すると以下のことがわかった.

【Aグループ】観光資源の現在量に関係すると思われる「現在の定期外数」が小さい駅（〜20%）は，観光列車導入効果「導入前後の定期外の変化量」が小さいことは常識通りであるが，

【Bグループ】観光資源の量に関係すると思われる「定期外数」が，中間レベルの量（60%〜20%）の駅で，観光列車導入効果「導入前後の定期外の変化量」が大きい事例が多い.

【Cグループ】「現在の定期外数」が非常に大きな駅（60%以上）では，かえって，観光列車導入効果「導入前後の定期外の変化量」は小さい.

　本来，観光列車導入効果「導入前後の定期外の変化量」は，現在すでにある程度観光開発の実があがっているところ，ある程度観光資源の存在があるところに効果がある」のではないかと考えられるので，「現在の定期外数」が大きくなれば大きくなるはずである．この中間帯現象は，Cグループすなわち「現在の定期外数」には新幹線乗り換え駅という，観光と関係が薄いビジネス利用が主流の駅があることにより例外説明が可能となる.

　したがって，観光列車は，定期利用が見られつつも観光資源が近隣に備わっている等，比較的観光客が訪れやすい素地が整っている駅に対して，こうした特性をより強化し，観光需要を高めるシナジー効果を有しているものと推察される．このような性質故に，観光列車の導入と観光まちづくりによる地域活性化の親和性は高いものと言えよう.

86

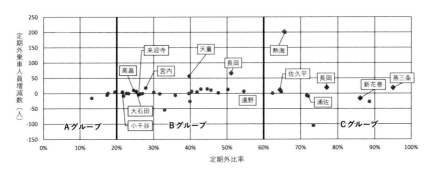

## 図6-2　中間駅における定期外乗車人員増減数（観光列車導入年―導入前年）と定期外比率と定期外比率（導入前年）

著者作成.

### 表6-4　グループ別の中間駅の内訳

| A（定期外乗車人員比率 20%未満） | | |
|---|---|---|
| HIGH RAIL 1375 | 岩村田 | とれいゆつばさ | 村山 |
| おいこっと | 替佐 | | |
| | 津南 | | |
| **B（定期外乗車人員比率 20～60%）** | | |
| HIGH RAIL 1375 | 信濃川上 | とれいゆつばさ | 大石田 |
| | 臼田 | | さくらんぼ東根 |
| | 小海 | | 天童 |
| | 八千穂 | | 赤湯 |
| | 中込 | | 山形 |
| おいこっと | 飯山 | | かみのやま温泉 |
| | 戸狩野沢温泉 | | 高畠 |
| | 森宮野原 | | 米沢 |
| 越乃 Shu*Kura | 越後川口 | フルーティアふくしま | 猪苗代 |
| | 小千谷 | TOHOKU EMOTION | 本八戸 |
| | 長岡 | | 鮫 |
| | 宮内 | SL 銀河 | 土沢 |
| | 来迎寺 | | 遠野 |
| | 柏崎 | | |
| | 直江津 | | |
| **C（定期外乗車人員比率 60%以上）** | | |
| HIGH RAIL 1375 | 野辺山 | 現美新幹線 | 浦佐 |
| | 清里 | | 長岡 |
| | 佐久平 | | 燕三条 |
| 伊豆クレイル | 伊東 | フルーティアふくしま | 磐梯熱海 |
| | 熱海 | SL 銀河 | 新花巻 |

著者作成.

## 6-4．小括

　本章の分析より，次の３点を指摘することができる．①定期外乗車人員比率が低いと，観光列車導入効果は現れにくく，中間帯に近づくほど観光列車導入効果が現れてくる．②定期外乗車人員比率が中間帯であれば，観光列車の導入効果が現れやすく，特に大きな効果が現れている駅も中間帯に見られている．③定期外乗車人員比率が高まるにつれ，観光列車の導入効果は現れない．これらの３点より，「定期外乗車人員比率が中間帯であれば，観光列車の導入効果が見られる」という観光列車の導入効果について説明する「中間帯モデル」を提示することができる（図6-3）．この中間帯モデルが示唆する点は次の２点である．
①定期外乗車人員比率が中間帯に属している，即ち，ある程度の定期利用も見られつつも，観光目的での定期外利用者も一定程度見られるような駅においては観光列車の導入効果との親和性が高い．
②観光開発が全く進んでいないような，元来定期利用客が殆どを占めている駅や，新幹線乗換駅という特殊な環境に位置している駅，既に観光開発がかなり進み，観光列車の導入前から観光利用客が殆どを占めている駅では観光列車の導入効果が発現されにくい．
　これより，観光列車は，定期利用が見られつつも観光資源が近隣に備わっている等,比較的観光客が訪れやすい素地が整っている駅に対して，こうした特性をより強化し，観光需要を高めるシナジー効果を有しているものと推察される．そして，このような性質故に，観光列車の導入と観光まちづくりによる地域活性化の親和性は高い．さらに，現在殆どの利用客が定期利用客のような駅においても，これから観光資源の開発を進めて定期外利用客を増加させる取り組みを実施することによって，観光列車の導入効果が発現する可能性があることを本章の分析は示唆している．

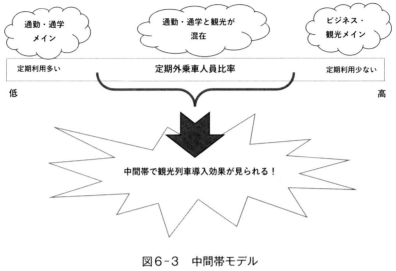

図6-3　中間帯モデル

著者作成.

## 注

1 遠野駅については，途中下車による観光が可能である．しかしその数はデータには反映されていないことから，釜石駅の利用者の1便当たりの利用者数を推計し，そのうちの80％を遠野駅の利用者に加算している．80％という数値については，遠野市へのヒアリング調査より同市が考慮している「SL銀河」の観光への効果の試算値を参考にしている．

# 第7章

# 事例分析
# ─地域観光資源の詳細な調査とアーカイブ化

## 7-1. はじめに

### (1) 本章の目的

　前章での「中間帯モデル」において，中間帯の駅でも，観光列車導入効果「導入前後の定期外の変化量」の高いものは部分的であり，必ずしも，観光資源の量に関係すると思われる「定期外数」がある程度あっても，観光列車導入の効果の効き目がない駅もある．そこで，本章では各駅の立地する地元地域は多様な地域特性をもっており，それを分析する必要があるため，地域の観光資源を詳細に分析し，資源のアーカイブ化をおこなう．

### (2) 事例の選定

　本研究の事例分析に際し，次章で行うデータ分析を踏まえ，JR東日本の運行する各観光列車とJR四国の「伊予灘ものがたり」に着目する．これらの観光列車の中から，乗り継ぎ等の影響を除外できる中間駅において，観光列車効果が見られたと考えられる中間駅を抽出する．観光列車による送客に伴う地域活性化という観点から，①車内での食事の提供が必ず行われる観光列車は除く，②新幹線の開業に伴う影響を受けた駅は除く，③導入年に大規模イベントを開催していない，の3点を事例選定の条件として設定し，「とれいゆ　つばさ」・「越乃Shu*Kura」・「SL銀河」・「伊予灘ものがたり」の4列車で事例調査をおこなった．

## 7-2．山形県村山・置賜地域（「とれいゆ　つばさ」）

### （1）「とれいゆ　つばさ」の概要

　「とれいゆ　つばさ」はJR東日本が2014年に奥羽本線（福島〜新庄間）[1]に導入した観光列車であり，JR東日本によると，「トレイン（列車）」とフランス語の太陽を意味する「ソレイユ」を合わせた造語です．「食（太陽の恵みによる様々な食材）」「温泉」「歴史・文化」「自然」を温泉街のように散策しながら列車の旅を楽しむ，というテーマが凝縮された列車であるという想いを込め命名し」たとのことで[2]，秋田新幹線を運行していたE3系を改造した車両が使用されている．

　同列車のホームページには，「車内には畳の「お座敷指定席」や，車窓を眺めながらくつろげる「足湯」を設置．くつろぎながら列車の旅をお楽しみいただけます．」，「バーカウンター」では，山形県産の地酒やワイン，ジュースなどの他，そして米どころ，そばどころ山形ならではのジェラートなど，山形の美味を堪能いただけます．」，「エクステリアデザインは，山形の中央にそびえる主峰「月山」をモチーフに，山形の大動脈として流れ続けてきたもう一つのシンボル最上川の趣あるブルーを先頭に配置．また特徴的な円弧のらいんはこれまでのつばさのイメージを踏襲しながら沿線の美しい山々をあらわし，全体を蔵王の清々しい白で表現しています．」との記述があることから，先述した命名理由も併せて，温泉を中心とした観光の様々な楽しみを有している列車であると指摘できる．

### （2）大石田・尾花沢・高畠における観光

#### 1）観光入込客数

　図7-1には大石田町の観光入込客数を，図7-2には銀山温泉のある尾花沢市の観光入込客数を，図7-3には高畠町の観光入込客数をそれぞれ示している[3]．

　図7-1からわかるように，大石田町では2014年に大きく観光入込客

数が増加している．同年に「とれいゆ　つばさ」が導入されたことを踏まえると，その効果が顕著に表れているものと考えられる．実際に，大石田駅の駅観光案内所の利用者数の月別推移を見てみると，観光列車導入年度においては，月初から導入時期に該当している2014年8月以降，2015年2月を除いて前年同月比で利用者数が増加している（表7-1）．

　しかしながら，同図より翌年度以降は大石田町の観光入込客数が減少していることが見て取れる．とはいえ，大石田駅の定期外乗車人員数は2014年度以降，分析年度内は全ての年度において前年度比で増加率はプラスであることを踏まえると，観光列車の効果が一時的であったということではなく，異なる要因が存在するものと思われる．

　その一方で，尾花沢市の観光入込客数は2014年度を除いて前年度比で増加を見せていることがわかる．これは大石田町とは殆ど反対の動きを見せていると指摘でき，「とれいゆ　つばさ」の効果は大石田町内というよりもむしろ，銀山温泉に向いていることが示唆されている．この点については，大石田町の現状の観光に関する課題として挙げているところであり，多くの観光客は大石田駅を利用し銀山温泉を利用するものの，大石田町内の観光には大きく寄与していないとのことである[4]．

　図7-4から，村山地域では多くの温泉観光地に観光客が訪れていることがわかる．同図には観光地分類別の観光入込客数の構成比率も示しているが，温泉観光地の観光入込客数の構成比率は全ての年度において最も高い．したがって，温泉観光地の誘客力が非常に強いといえる．しかし，2015年度をピークにその比率は減少傾向にあることから，他の観光地類型の魅力の高まりが見られていることも同時に示唆されている．

　高畠町の観光入込客数についても，大石田町・尾花沢市と同様に，2014年度前年度比で増加を見せている．2015年度以降は減少傾向に転じており，高畠駅の定期外乗車人員数の推移とは異なる動きとなっていることから，「とれいゆ　つばさ」の効果とは別の要因が働いているものと思われる．

図7-1　大石田町観光入込客数の推移

出所：「山形県観光者数調査」より著者作成.

図7-2　尾花沢市観光入込客数の推移

出所：図7-1に同じ.

## ２）銀山温泉（尾花沢市）

　当該地域において，著名で誘客力のある観光資源として銀山温泉が挙げられる[5]．銀山温泉は尾花沢市にあるが，銀山温泉へ鉄道駅から行く場合，最寄り駅は大石田駅となり，銀山温泉と大石田駅との間は路線バスが結んでいる[6]．大石田駅以外の駅から銀山温泉へ向かうバスは運行されていないことから，銀山温泉に近い鉄道駅から同地へ向かう多くの場合は大石田駅を利用することとなる．

　そして，この銀山温泉は，家並保存条例により温泉街の風景の保全が

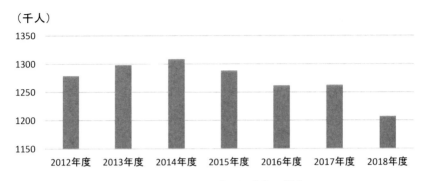

図7-3　高畠町観光入込客数の推移

出所：図7-1に同じ.

図7-4　村山地域における温泉地の観光入込客数
および観光地類型別の入込客数の構成比率

出所：「山形県観光者数調査」より著者作成.

表7-1　大石田駅観光案内所利用者数の月別推移

|  | 2014年度利用者数 | 2013年度利用者数 | 増減率 |
|---|---|---|---|
| 7月 | 164 | 210 | -21.9% |
| 8月 | 266 | 185 | 43.8% |
| 9月 | 195 | 151 | 29.1% |
| 10月 | 265 | 164 | 61.6% |
| 11月 | 179 | 145 | 23.4% |
| 12月 | 184 | 139 | 32.4% |
| 1月 | 201 | 180 | 11.7% |
| 2月 | 197 | 203 | -3.0% |
| 3月 | 197 | 150 | 31.3% |

出所：大石田町提供データより著者作成.
※利用者数の単位は人.

成功しているように（温井，2002），昔ながらの風景が今も残る温泉街である[7]．公式HPにも「大正浪漫の郷愁を感じるノスタルジックな町並み」との文言があることからも，昔ながらの景観を極めて重視している温泉街・観光地であると言えよう[8]．

### 3）大石田駅周辺の観光資源

KOE no KURA（こえのくら）は，「大石田町とソトの，ヒト・モノ・コトが交流する場所」がコンセプトの2017年開業の町営施設であり，大石田町の観光物産情報の発信基地として，また，地域の方が集まるコミュニティスペースとしても機能している[9]．

同町の特産品としてそばが挙げられ，「大石田そば街道」と呼ばれる蕎麦店が軒を連ねているエリアも観光資源としてある．加盟している各蕎麦店は，「新そばまつりや社会福祉施設等の慰問のほか，県内外でのそば振る舞い，物産展など各種イベントにも積極的に参加し，さまざまな活動を展開し」ており，観光面でも重要な役割を担っている[10]．

また，江戸時代の舟運で上方との交流によりもたらされた「ひな人形」は今現在観光資源として活用されており，毎年春には「大石田ひなまつり」が開催されている．この「大石田ひなまつり」は，各家庭を訪ね歩いて飾り付けられたお雛様を見てまわる「おひなみ」と呼ばれる形式で行われている[11]．

以上の点から，大石田町では地形や気候を活かして栽培される特産品や，かねてから伝わる地域文化が観光資源として挙げられることがわかり，同町は中でも食に関する観光資源を観光の取り組みで重視している[12]．

### 4）高畠駅周辺の観光資源

高畠駅には町営の温泉施設である「太陽館」が隣接されており，「温泉のある駅」であることをアピールする看板も駅には設置されている．

観光資源としては，寺社である亀岡文珠や高畑城址が挙げられ，施設系の観光資源に着目すると特産品等を販売する「よねおりかんこうセンター」，「道の駅　たかはた」がある．前者については，高畠町内のみな

らず近接自治体の特産品も併せて販売する施設であり，後者については総合観光案内所および農産物の直売所，ウォーキングセンターの機能を有している．この他にも，童話作家である浜田広介が高畠町出身であることから建設された「浜田広介記念館」も観光資源として挙げられる．

　食の面に着目すると，先述した通り，高畠町では栽培されたブドウを原材料としたワインが特産品である．このワインを製造している「高畠ワイナリー」は工場見学が可能なことから観光施設の1つとして機能している．

## （3）自治体・観光関連団体による観光列車に関する取り組み

　尾花沢市と大石田町は共同で，山形県各地域で春季に実施される「花回廊キャンペーン」の開催時期において，「とれいゆ　つばさ」の大石田駅到着に合わせておもてなしの活動を行っている[13]．両市町によるおもてなしは，尾花沢市の名産品の尾花沢スイカを使用した地サイダー「スイカサイダー」と大石田町の名産品である「千本だんご」を下車客に配布し，「とれいゆ　つばさ」の乗客のお見送りとして花笠踊りを実施するというものである．おもてなしの実施主体は，尾花沢市商工観光課・大石田町商工観光グループおよび観光ボランティア団体である．なお，スイカサイダーと千本だんごの購入費用は山形県が負担していることから，両地場産品の製造元にとっては収益に繋がっている．

　この他には，「とれいゆ　つばさ」導入後に，観光ボランティア団体によるまち歩きガイドの土・日・祝日の常駐や，パンフレットの充実ならびに看板等の多言語対応が行われている[14]．

　高畠町においては2014年に高畠駅および沿線で「とれいゆ　つばさ」に手を振ろう」イベントが実施された[15]．これには高畠町のマスコットキャラクターの「たかっき」「はたっき」も参加する自治体も関与するイベントであった．しかし恒常的に行われているイベントではない．

## 7-3. 新潟県小千谷市・長岡市 (「越乃Shu*Kura」)

### (1) 「越乃Shu*Kura」の概要

　「越乃Shu*Kura」は2014年の4月～6月末までの春季期間に開催された「新潟県デスティネーションキャンペーン[16]」の一環として導入された観光列車である．運行区間は上越妙高（えちごトキめき鉄道）～十日町（JR東日本）であり，えちごトキめき鉄道（妙高はねうまライン），JR東日本の信越本線，上越線，飯山線を経由している．キハ48系の改造車による3両編成となっており，中間車両についてはフリースペースと売店のみとなっていることから，実質的には2両分の座席しか販売されていない．

　同列車についてJR東日本は，「地酒王国・新潟が誇る「酒」をコンセプトとした列車」「車内では，厳選した新潟県内の銘酒の利き酒や，地元の食材にこだわったおつまみ等をご用意するほか，ジャズまたはクラシック等の生演奏やお酒にまつわるイベントを実施」と述べている[17]．これより，同列車のコンセプトは「酒」であることがわかる．また，これまでの事例で見たのと同様に観光列車名にもそのコンセプトは表れており，「越乃＝越後，Shu＝酒，Kura＝蔵，＊＝米・雪・花」を意味している[18]．音楽家によるジャズやクラシックの演奏と酒のコンセプトから，同列車は「大人の空間」を演出していることが窺える．

　また，「越乃Shu*Kura」に用いられているキハ48系は，上越妙高～十日町間の運行範囲にとどまらず，「ゆざわShu*Kura」として上越妙高～越後湯沢（JR東日本・上越線）間，「柳都Shu*Kura」として上越妙高～新潟（JR東日本・信越本線など）間を期間限定で運行している．

### (2) 小千谷・長岡における観光

#### 1) 観光入込客数

　「新潟県観光入込客統計」より小千谷市における観光入込客数の推移を示したグラフが図7-5，長岡市におけるそれを示したものが図7-6

である．「越乃Shu*Kura」が導入されたのは2014年であるが，この年に
前年比で小千谷市では13.2%，長岡市では3.5%の観光入込客数の増加を
それぞれ見せている．先述したように同年には「新潟デスティネーショ
ンキャンペーン」が実施され，その一環として「越乃Shu*Kura」が導
入されたことを踏まえると，観光列車導入の効果が観光入込客数にも表
れているものと思われる．

　2015年には「大地の芸術祭」の開催や北陸新幹線・長野〜金沢間開業
などの要因から観光入込客数が増加したものと推察される．しかし，そ
の後は減少傾向にあることが図からもわかり，「新潟県観光入込客統計」
によると，2016年の減少要因としては「大地の芸術祭」の反動，GWの
曜日配列が悪かったこと，天候不順による入込が伸び悩んだ観光施設等
の存在が[19]，2018年の減少要因としては天候不順に伴う屋外行祭・イベ
ントの入込が低調であったことなどが[20]，それぞれ挙げられている．

## ２）小千谷市の観光資源

　小千谷市における工芸品を軸とした観光資源は「小千谷縮」「絵紙」
などが挙げられる．観光施設においても，先述したように錦鯉の養殖が
盛んに行われていることもあり，「錦鯉の里」のように同地の産業を活
用した施設が見られている．

　イベント面に着目すると，毎年5月から11月に実施されている「牛の
角突き」は，江戸時代後期から続いている伝統行事で，1978年に国指定
重要無形民俗文化財に指定されている．この他，8月下旬に3日間開催
される「おぢやまつり」，9月上旬に行われる，江戸時代後期からの歴
史を持つ片貝地域の花火が打ちあがる「片貝まつり」などが毎年実施さ
れるイベント行事として挙げられる．

　史跡等に係る観光資源としては慈眼寺・会見の間などがあり，小千谷
市・小千谷観光協会が発行しているガイドブックにもまち歩きコースと
して組み入れられている[21]．

　小千谷市の食の面での観光資源としては，小千谷そば（へぎそば），
コシヒカリをはじめ，米を原料とした日本酒や米菓などが挙げられる．

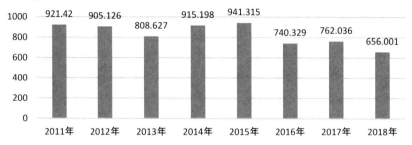

（千人）

図7-5　小千谷市観光入込客数の推移
出所：「新潟県観光入込客統計」より著者作成.

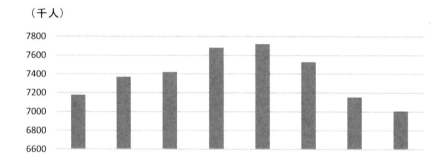

（千人）

図7-6　長岡市観光入込客数の推移
出所：図7-5に同じ.

雪中貯蔵酒を初めて作った「高の井酒造」と「新潟銘醸」が市内にある酒蔵である．これらの酒蔵が製造した日本酒は「越乃Shu*Kura」の車内で販売されていた時期がある[22].

## 3）長岡市の観光資源

長岡市の観光資源として代表的なものとしては，山古志地域で行われている「牛の角突き」や，明治期の街並みを残している摂田屋地区，神谷の大地主である高橋家の別荘の庭園としてつくられた「もみじ園」，

毎年8月に行われている長岡まつりの一環で実施されている大花火大会などが挙げられる．また，食に関する観光資源としては，米・日本酒があり，長岡市内には多くの酒蔵があり，新潟県下では1位である（長岡市，2020）．

摂田屋地区は宮内駅から徒歩約10分で行くことができる．同地区には「機那サフラン酒の鏝絵」等があり，観光ガイドによる案内が行われている等，まち歩きに関わる観光資源として機能している．また，この地区には日本酒の蔵元である「吉乃川」があるが，同社の敷地内に国の登録有形文化財に登録されていた大正時代の倉庫もあり，2020年現在は「吉乃川　酒ミュージアム醸蔵」と呼ばれる施設となっている．同地区は元来醸造文化が栄えていた地域であり，当時の蔵などの文化的な観光資源に加え，その醸造文化を起点とし，日本酒が観光資源として用いられている．

来迎寺駅が最寄り駅となっている観光資源としては「もみじ園」が挙げられ，来迎寺駅から徒歩10分ほどのところにある．そして，もみじ園から徒歩数分のところには「朝日酒造」があり，ここでは酒蔵の見学・日本酒の試飲が可能である．この点からわかるように，来迎寺駅周辺においても特産品である日本酒とそれを活用した観光資源が見られている．

## 7-4．岩手県遠野市（「SL銀河」）

### （1）「SL銀河」の概要
「SL銀河」はJR東日本が2014年に釜石線を中心とする区間（花巻〜釜石間）に導入した観光列車で，東日本大震災の復興支援および蒸気機関車という鉄道の産業遺産の伝承を目的として導入される運びとなった[23]．同列車は蒸気機関車が牽引する．牽引機であるC58 239号機は岩手県盛岡市にある岩手県営運動公園に静態保存されていた蒸気機関車で，運行開始から廃車までの32年間のうち27年間で岩手県内に所属していた．つまり，岩手県にゆかりのある蒸気機関車だといえる．

「SL銀河」の客車には，JR北海道に所属していたキハ141系を購入し改造したキハ141系700番台が使用されている．同車種はディーゼルカーであることから，通常の機関車に牽引される客車とは異なり動力装置を有しているが，この特性から急勾配のある釜石線内で協調運転[24]が実施でき，補機の連結が不要となっている．

「SL銀河」の公式HPには「牽引する旅客車については，釜石線沿線を舞台に描かれた宮沢賢治の「銀河鉄道の夜」を代表的なテーマとして列車全体をプロデュースしており，宮沢賢治の世界観や空気感，生きた時代を共有する事で東北の「文化・自然・風景」を感じていただける車内空間」，「車内は「東北の文化・自然・風景を通してイマジネーションの旅へ」をコンセプトとし，先人が造り出したSLや大正ロマンから現代への長いつながりと，宮沢文学のように自然や動物と調和し，互いに尊重しながら共存していくことを感じる様々な体験をご用意」との記載がある[25]．この点から，同列車は内外装ともに宮沢賢治『銀河鉄道の夜』を全体のコンセプトとした上で，それを軸とした様々な観光価値を内包していることが窺える．

また，「SL銀河」は遠野駅で給水等を行うことから上下便ともに1時間強の停車時間があることから，この時間を利用しての遠野駅周辺の観光も可能となっている．

## （2）遠野における観光

### 1）観光入込客数・訪問数

図7-7には2012年度以降の遠野市の観光訪問数を示している[26]．同図より，2015年度に直近での最多回数を記録した後，2016年度に大幅な減少を見せ，その後は増加基調となっていることがわかる．2015年から「遠野ホップ収穫祭」が始まったことから，2015年度の大幅な伸びはこれを反映しているものと思われる．2016年度の急減は同年8月に来襲し，北海道や岩手県太平洋沿岸部を中心に多大な被害をもたらした台風10号の影響が反映されているものと思われる[27]．

　「SL銀河」が導入されたのは2014年だが，同年度の観光入込客数は前年度比で減少を示している．しかし，2012年度から2013年度にかけての減少幅と比べるとその幅は小さく（2013年度における前年度比減少率は7.0%で，2014年度における前年度比減少率は1.1%），したがって，観光列車の導入によって観光訪問数の減少に歯止めをかけたことが示唆されている．また，遠野市へのヒアリング調査によると，「SL銀河」運行開始後は撮り鉄（写真撮影を中心とする鉄道ファン）の来客が増加し，「SL銀河」による新たな観光客の入込は増加しているとの回答を得ている[28].

### 2）『遠野物語』と観光

　遠野市における観光について，「遠野市観光推進計画」によると，「"物語"が息づき，心と自然がふれあう故郷遠野」をコンセプトとして設定している．先述したように，遠野地域は『遠野物語』を起点とした街づくりがなされてきた．観光の取り組みにおいても遠野市は，1980年に遠野市博物館，1984年に伝承園，1986年にとおの昔話村といった施設を整備するなど，遠野物語と遠野郷の生活文化を重ねながら発信し続けてきた（山田，2007）．とおの昔話村は2013年に「とおの物語の館」にリニューアルされ，現在でも『遠野物語』は遠野の観光において大きな役割を果たしている．

### 3）遠野の観光まちづくり

　しかし，観光施設の郊外化が進む一方で，中心市街地に従来存在していた観光施設の魅力が低下し，まちなかの観光客が減少するなど中心市街地の空洞化が深刻な課題となったことから，1998年の「旧中心市街地活性化法」施行を機に，遠野市中心市街地活性化基本計画（旧計画）を策定した（佐々木，2009）．2006年策定の「遠野総合計画基本構想」では市の将来像として「永遠の日本のふるさと」が掲げられ，翌2007年には「遠野遺産認定制度[29]」が創設された（山川，2014）[30]．こうした一連の動きは，歴史的・文化的資源を保存・活用したまちづくりの推進を踏ま

え，中心市街地の施設整備に当たって最大限の既存資源活用を図り，中心市街地に残る町家，名所・旧跡，神社・仏閣などの観光資源をルート化し，観光客がまちなかを回遊する仕組の構築を目指すものであった(佐々木，2009)．

2016年には「遠野市中心市街地活性化基本計画」の2期目が策定され，「歴史・文化・風土・自然が息づき，市民と観光客に愛され全ての世代が安心して楽しく回遊できるまち」が，同計画の目指す中心市街地像とされている[31]．

遠野市の「観光まちづくり」において，遠野市は「地域の特性や資源を活かすこと」，「市民が主体性を持つこと」，「自分たちの街をより良くしようと行動すること」の3要因からなる市民協働による「遠野スタイル」の創造を通じて，先述した「永遠の日本のふるさと」という将来像へ繋げることを打ち出している[32]．

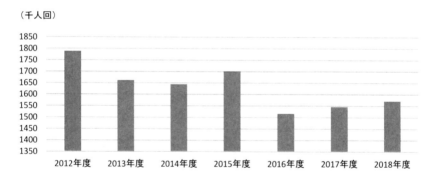

（千人回）

図7-7　遠野市観光訪問数の推移
出所：「岩手県観光統計概要」より著者作成．

## （3）自治体・観光関連団体による観光列車に関する取り組み[33]

遠野市は2013年度途中から「遠野市SL停車場プロジェクト推進室」を組織し，「SL銀河」を観光資源の1つとして捉え，同市の観光施策の重要な取り組みとして位置づけている．同推進室が事務局となり，観光に関わる諸団体に参加を打診した上で組織された「遠野市SL停車場プ

ロジェクト推進委員会」がある．同委員会に参加している観光関連団体による遠野駅SL停車時のおもてなしや歓迎の取り組みが行われており，例えば，「地域婦人団体」「きものを楽しむ会」「ずーっとプチエンジェル（カントリーダンスの有志団体）」「ザシキワラシ隊」等の市民ボランティア団体が出迎えのイベントを実施していた．また，スタート時や大型イベント時などには郷土芸能の披露による出迎えのイベントが行われた．

　このほか，2014年度から2018年度までは「SL銀河」の遠野駅停車時間中に，語り部が駅近くのバス待合所のスペースで昔話を披露するという取り組みが行われていた．2019年度には「とおの物語の館」へ下車客を誘導し，ほぼ同様の取り組みが実施されている．このように，遠野市では，「SL銀河」の運行当初から現在にかけて，旧来からの観光資源を活用することで「SL銀河」に関わる観光の取り組みが見られている．

## 7-5．愛媛県大洲市（「伊予灘ものがたり」）

### （1）「伊予灘ものがたり」の概要
　「伊予灘ものがたり」はJR四国が2014年7月26日から運行を開始した観光列車である．土休日を中心に，予讃線の松山～伊予大洲間，松山～八幡浜間を1往復ずつ（1日あたり4便）運行している．停車駅は松山・伊予大洲・八幡浜となっており，中間駅に該当する駅は伊予大洲である．「伊予灘ものがたり」の専用車両は普通列車用気動車を改造したキロ47系で，座席定員は2両で50人と極めて少ない．海側を向く展望シートが設置されており，2人用の対面座席についても若干座席が海側を向いていることから眺望を意識した作りである．また，事前予約制ではあるものの，車内で食事メニューも販売されており，4便それぞれで用意されている食事が異なっている．

　海近くに所在している下灘駅では停車時間が設けられており，伊予長浜駅や伊予上灘駅では沿線の方々による物販が行われている．物販に関しては車内でも行われており，先述した食事サービスや観光アナウンス

を実施するアテンダントが乗務している.

## （2）大洲における観光

### 1）観光入込客数

　図7-8は愛媛県の観光入込客数の推移を示したグラフである.「伊予灘ものがたり」の走行区間から効果が直結すると考えられる松山圏域,八幡浜・大洲圏域の観光入込客数を見ると,前者においては2014年の「道後オンセナート2014」の開催,後者においては2013年に道の駅「八幡浜みなっと」が開業した効果が大きく表れている.「伊予灘ものがたり」は先述したように2014年7月に運行を開始したが,このようにイベントの開催や観光施設の開業のため,同列車が観光入込客数にどれほどの効果を有していたかを捉えることは難しい.しかし,いずれの圏域も増加傾向を示していることから,「伊予灘ものがたり」の効果が沿線地域にもたらされていることが示唆されている.

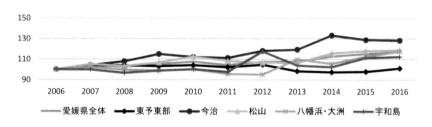

**図7-8　愛媛県地域別観光入込客数（2006〜2016年）**

出所：愛媛県（各年）「観光地区別観光客数」より著者作成.

### 2）大洲市の観光資源

　大洲市の観光資源として,「大洲城」「おおず赤煉瓦館」「明治の家並み」「長浜大橋（赤橋）」などが挙げられる.大洲城は江戸期から残っている4つの櫓が国の重要文化財に指定されており,おおず赤煉瓦館は明治期の建築物である.長浜大橋は旧長浜町のエリアに属しているため,伊予

大洲駅の近隣ではないが，現在も動く道路可動橋としては国内最古（1935年完成）のもので，国の重要文化財にも指定されている．

　大洲市街地においては江戸〜明治期における観光資源が見られていることから，歴史的な街並みに関する観光資源が充実していることがわかる．実際に「おおず歴史華回廊」と呼ばれる，名前の通り歴史的な観光資源を活用したまち歩き観光のプログラムが設定されており，案内人のガイドによるまち歩き観光が可能となっている．2020年9月現在，10のプログラムが用意されており，この中には「伊予灘ものがたり」が運行する休日のみ実施されるものもある[34]．この点から「伊予灘ものがたり」利用客を市街地のまち歩き観光の増加につなげる取り組みも実施されていると指摘できる．

## 7-6．コンセプトモデル

　ここでは，「とれいゆ　つばさ」「越乃Shu*Kura」「SL銀河」の3事例から，観光列車のコンセプトと沿線観光資源の一致がマーケティングモデルとして成立していることを示す．なお，「伊予灘ものがたり」については第9章で詳細な分析を行う．

### （1）大石田・高畠と「とれいゆ　つばさ」の事例
　大石田駅は町の中心駅としてのみならず，銀山温泉への最寄り駅として機能しているが，「とれいゆ　つばさ」が温泉街の散策というコンセプトを有していることを踏まえると，列車のコンセプトと大石田駅周辺の観光資源は非常に親和性が高いものと指摘できる．同駅の「とれいゆつばさ」導入後の定期外乗車人員数は，分析年度期間においては毎年度，前年度比で増加を見せている．温泉施設が併設されている高畠駅においても「とれいゆ　つばさ」の導入効果は大きく見られていることから，観光列車のコンセプトと観光資源の親和性が高い．

　高畠駅や大石田駅だけではなく，「とれいゆ　つばさ」の中間停車駅はさくらんぼ東根駅以外の全駅で導入年の定期外乗車人員数が増加して

おり，さくらんぼ東根駅おいても，2016・2017年度については前年比で増加を見せている．そして，同列車の停車駅は温泉と非常に関わりの強い駅が多いという特徴を有している．例えば，赤湯駅は赤湯温泉への最寄り駅，かみのやま温泉駅はかみのやま温泉への最寄り駅である．

　先述したように，「とれいゆ　つばさ」は温泉街の散策というコンセプトを有していることから，沿線観光資源として温泉地（あるいは温泉施設）を備えているという中間駅の特徴とうまく融合している．本事例に取り上げた大石田町と尾花沢市の観光入込客数の推移をみても，強い誘客があると考えられる銀山温泉を有している尾花沢市に観光列車効果が向いていることが示唆されている．

　温泉の要素に加え，高畠駅に近隣には高畠ワイナリーがあるなど，高畠駅で見られた観光列車効果はワインという鉄道による観光と親和性の高い観光資源が機能していることが示唆されている．

　温泉は日本各地に存在するが，観光列車の運行線区において多くの温泉へのアクセスが可能なケースはこの路線の特徴だと指摘することができよう．このように，観光列車のコンセプトと沿線地域の観光資源が「温泉」という共通のキーワードで繋がったことで，中間駅において観光列車の導入効果が見られているものと考えられ，加えて，酒類を観光資源に有している地域に属している駅においても観光列車の導入効果が発現しているものと考えられる（図7-9）．

　また，導入効果は観光入込客数の増加という観点のみならず，観光への新たな取り組みの実施という面でも見られている．先述の通り，大石田町におけるまち歩き案内の観光ボランティアの土・日・祝日の常駐や看板の多言語対応，観光パンフレットの拡充といった動きがそれにあたる．こうした観光に対する取り組みの意識が醸成されていくことも，観光列車の効果と指摘することができる．その一方で，尾花沢市・大石田町によるおもてなしの取り組みが期間限定であり，高畠駅でのイベントも限定的であったことや，大石田町における銀山温泉帰りの観光客に町内観光してもらうための観光政策の動きが最近見られるようになったことを踏まえると，観光列車を通じた観光による地域活性化について，ま

だ道半ばであるとも指摘できる.

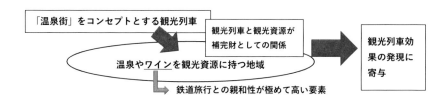

図7-9　「とれいゆ　つばさ」の事例から見る観光列車効果発現要因
著者作成.

## （2）小千谷・宮内・来迎寺と「越乃Shu*Kura」の事例

　「越乃Shu*Kura」は日本酒をテーマとした観光列車だが，テーマそのものである「日本酒」は，観光列車の導入効果が見られていた小千谷駅・宮内駅・来迎寺駅の観光資源にも見られていることから，観光列車のテーマと小千谷市および長岡市の観光資源との共通性として挙げられる．酒類については，先述の通り，鉄道を用いた旅行との親和性が極めて高い観光資源である．

　鉄道旅行を更に楽しめるものとする観光列車において，鉄道旅行だからこそ楽しめると考えられる日本酒をテーマとすることは観光列車自体の人気に繋がると考えられ，中間駅の視点では，駅の所在する地域の観光資源とも一致することで観光列車効果の発現に繋がったものと思われる．

　上記の議論より，観光列車と沿線観光資源が「日本酒」というテーマで結びつけられたことに加え，そのテーマである日本酒自体が，鉄道旅行との親和性が極めて高いものと指摘できた．これらが観光列車効果の発現に繋がった要因であると本事例の分析より考えられる（図7-10）．

　その一方で課題としては，小千谷市へのインタビュー調査より「越乃Shu*Kura」の導入に合わせたおもてなし等の取り組みや，観光列車導入に伴い新たに始まった観光プログラムは存在していない．こうした点から，「越乃Shu*Kura」の導入後の観光への取り組みについて，弱い側

面があることは否定できない．一方で，「越乃Shu*Kura」の車内におけ
る地場産品の販売が行われていたこと，また，JR東日本が運行してい
る周遊型の観光列車である「TRAIN SUITE 四季島」が2019年8月に
小千谷駅に停車した際には，先述した「牛の角突き」を小千谷闘牛場で
観覧するプログラムが設定されていたことを踏まえると，観光列車にお
ける同市の観光資源の活用は見られている．

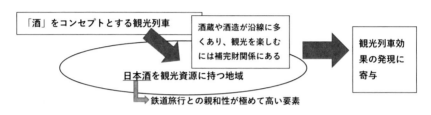

図7-10　「越乃Shu*Kura」の事例から見る観光列車効果発現要因
著者作成．

## （3）遠野と「SL銀河」の事例

　遠野市には古くから伝わる民話・昔話に関わる施設や，原風景を活か
した施設を中心に，観光名所も含め多くの観光資源が見られている．特
に『遠野物語』が有名であり，遠野は文学と関わりのある地域だと言え
る．遠野市の観光のコンセプトは「"物語"が息づき，心と自然がふれ
あう故郷遠野」であることから，市の観光コンセプトとしても「文学」
を打ち出している．そして，「SL銀河」は宮沢賢治の『銀河鉄道の夜』
を主たるコンセプトに設定した観光列車であり，そのコンセプトを軸に，
遠野市を含める沿線の文化資料を展示していることは先述したとおりで
あるが，同列車は文学を中心とした沿線文化を強く打ち出している列車
だと指摘できる．ここで，遠野市の観光コンセプトと「SL銀河」のコ
ンセプトの共通項として「文学」というキーワードが挙げられることか
ら，「文学」を通じた両者の接点が見られている．
　加えて，遠野市の観光まちづくりでは，まちなかの観光施設の魅力低
下に伴う中心部の観光客の減少という課題を解決するため，中心市街地

の施設の整備や様々な観光資源のルート化によって回遊性を高める取り組みを行った．中心部の回遊性の向上によって，観光列車から下車後の観光が容易になるものと考えられることから，こうした観光資源を有効活用した上での中心市街地の観光まちづくりは観光列車効果の発現に寄与しているものと思われる．

　先述したように，「SL銀河」は遠野駅で給水等に伴う1時間強の停車時間があり，この時間を利用しての駅近辺の観光ができる．実際に，語り部による駅近隣のバス待合室のスペースあるいは「とおの物語の館」での昔話の披露等に代表される，駅近辺のエリアを中心に短時間でも楽しむことができるような取り組みが見られている．また，観光消費額の観点においては，停車時間が昼食時間帯に該当していることから，昼食や土産物の購入費用として1人当たり1000円利用すると仮定すると，年間で1000万円弱の経済効果が見られると考えられる（この条件は遠野市へのインタビュー調査より，遠野市がSLの効果を考える際に仮定として置いているものである）．無論，地域に対する観光の経済効果を考慮すると宿泊者数を増加させることが重要とも考えられるが，中心部の回遊性を高め，駅近隣の施設を活用することで短時間でも効率よく遠野の魅力を伝えているという点は，観光列車の停車時間を活用した取り組みとして示唆に富むものであろう．

　以上の点より，遠野において観光列車効果が見られた要因としては，①「文学」というキーワードから見られる観光列車のコンセプトと地域の観光コンセプトの一致，②中心市街地の回遊性を高める観光まちづくりの実施，の2点が挙げられる（図7-11）．

## 7-7．小括

　事例分析により，「SL銀河」の事例では「文学」，「とれいゆ　つばさ」の事例では「温泉」，「越乃Shu*Kura」の事例では「日本酒」という観光列車と沿線観光資源とを結びつけるキーワードがそれぞれ挙げられた．「SL銀河」の事例では，キーワードに関係する観光資源・観光施設

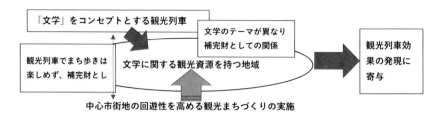

**図7-11　「SL銀河」の事例から見る観光列車効果発現要因**

著者作成.

がある特定の地域内に複数存在している．一方，「とれいゆ　つばさ」
の事例ではキーワードに関連する観光資源が沿線地域全体に見られてい
る．「越乃Shu*Kura」は両方の要素を兼ね備えている観光列車と指摘で
きる．

　観光列車にはそれぞれコンセプトが設定されていることが多いが，こ
の観光列車のコンセプトと沿線地域の観光資源との親和性が高い場合，
その観光資源を有している中間駅では観光列車の効果が発現していると
いうことが示唆されている．

　この点から，観光列車効果を中間駅において発現させるには，観光列
車のコンセプトと沿線観光資源を一致させることが重要であると考えら
れる．つまり，観光列車を導入させる際にも沿線地域に対する理解は極
めて重要で，地域に見られている観光資源はどのようなものか，運行路
線全体に見られている共通の観光資源はどのようなものかを鉄道事業者
は把握し，観光列車を造成する必要があると思われる．同様に沿線地域
側からしても，観光資源を発掘しておくことは，観光列車のコンセプト
にも繋がる可能性があることから，沿線地域は観光開発への取り組みを
不断に行っておくことが肝要であると考えられる．

**注**

1　同区間は山形新幹線として運行されている区間であるが，ミニ新幹線として開業した線区
であり，正式には奥羽本線の一部という扱いである．
2　JR東日本「のって楽しい列車ポータル　「とれいゆ　つばさ」参照．https://www.jreast.
co.jp/railway/joyful/toreiyu.html（2020年 5 月26日最終アクセス）.

3 東日本大震災の影響を考慮し，震災発生の翌年度である2012年度からのデータを用いている．

4 大石田町へのインタビュー調査より，2020年7月現在，大石田町では銀山温泉から帰ってきた観光客を対象とした，食・文化・歴史に関する観光資源を用いた町内の観光の取り組みを策定する方向にあるとのことである．

5 日本交通公社が公表している「観光資源台帳」において，銀山温泉はA級資源として評価されている．A級資源は「日本を代表し，日本全体のイメージの基調となるもの」とされている（https://www.jtb.or.jp/research/theme/resource/tourism-resource-list/，2020年5月28日最終アクセス）．

6 空港アクセスでは山形空港と銀山温泉を結ぶ高速バスが運行している．

7 銀山温泉の景観について詳細に分析した研究としては，肖・山本（2016），田代・堀（2006）が挙げられる．

8 http://www.ginzanonsen.jp/index.html（2020年5月28日最終アクセス）

9 https://www.town.oishida.yamagata.jp/kankou/koenokura/index.html（2020年5月28日最終アクセス）．

10 https://www.town.oishida.yamagata.jp/kankou/sobakaidou/index.html（2020年6月20日最終アクセス）．

11 https://www.town.oishida.yamagata.jp/kankou/matsuri/hinamatsuri.html（2020年6月20日最終アクセス）．

12 大石田町へのインタビュー調査より．

13 大石田町へのインタビュー調査より．なお，以下の本項の内容については大石田町へのインタビュー調査を基にしている．

14 大石田町へのインタビュー調査より．

15 http://samidare.jp/takahata/box/dc.cross.pdf（2020年9月9日最終アクセス）．

16 デスティネーションキャンペーンとは，1978年11月開催された日本国有鉄道（当時）と和歌山県が共同で実施した「きらめく紀州路」キャンペーンを皮切りに始まった，JR旅客6社および指定された自治体，地元の観光事業者等が協働で実施する観光キャンペーンのことである（前之園・三橋，2009）．

17 JR東日本「のって楽しい列車ポータル　「越乃Shu*kura」参照．https://www.jreast.co.jp/railway/joyful/shukura.html（2020年5月26日最終アクセス）．

18 同上．

19「平成28（2016）年　新潟県観光入込客統計」，p.12.

20「平成30（2018）年　新潟県観光入込客統計」，p.14.

21 小千谷市観光交流課・小千谷観光協会（2019）「コイコイおぢや：新潟県小千谷市観光ガイドブック」，p.26-27.

22 小千谷市へのインタビュー調査より．

23 JR東日本「東北でSLが復活します！～「SL銀河」鉄道（仮称）～」参照．（https://www.jreast.co.jp/press/2012/20121003.pdf，2020年5月26日最終アクセス．）

24 協調運転とは，異なる動力方式の車両同士を連結した状態で走行することである．

25 JR東日本「のって楽しい列車ポータル　「SL銀河」参照．https://www.jreast.co.jp/railway/joyful/galaxySL.html（2020年5月26日最終アクセス）．

26 2010年度・2011年度は東日本大震災の影響を反映した異常値であると考えられるため，また，2009年度以前は国の共通基準による観光統計調査の実施前であることから，2012年度以降のデータを記載している．

27 この台風により遠野市内でも土砂災害の被害を受けている．（http://www.bousai.go.jp/updates/h28typhoon10/pdf/h28typhoon10_15.pdf，2020年 6 月 9 日最終アクセス）

28 遠野市へのインタビュー調査によると，2019年度の「SL銀河」の乗車率と供給座席数から，遠野市では約9600人が途中下車による観光も含む「SL銀河」による入込客数と推計している．

29「遠野遺産認定制度」とは，遠野らしい農村景観や，それを構成するあらゆる文化資源や自然を将来にわたって継承していくために，既存の文化財保護制度の対象とはならないが大切な「遠野市民が愛する遠野らしい地域の宝もの」を市独自の「遠野遺産」として認定し，市民協働でその保護および活用を図ることを目指した制度である（https://www.soumu.go.jp/main_content/000152728.pdf，2020年 6 月 5 日最終アクセス）．

30 2020年 6 月現在，遠野遺産には2018年 8 月19日の登録を最後に157件が登録されいる．

31 https://www.city.tono.iwate.jp/index.cfm/46,13265,290,html（2020年 6 月 8 日最終アクセス）

32 遠野市（2011）「遠野の観光振興について〜百年の縁を100年続く絆に〜」．（https://www.soumu.go.jp/main_content/000100992.pdf，2020年 6 月 5 日最終アクセス）

33 本項は遠野市へのインタビュー調査によって得られた回答を基に記述している．

34 https://hana.visitozu.com/tour/（2020年 9 月10日最終アクセス）

# 第8章

## 観光列車の空間的効果（２）
## —中間駅「補完財・代替財モデル」

## 8-1. はじめに

### （1）研究目的

　本章の目的は，観光資源と観光列車効果の関係性について定量的に把握することである．中間駅においては様々な属性が考えられ，中でも利用者に占める定期外利用者の比率に着目した．そして前章の分析を踏まえると，効果の見られた中間駅と当該駅に近接している観光資源には何らかの共通性が存在している可能性が考えられ，この点を計量分析により明らかにする．

### （2）先行研究

　観光需要の高まりと観光資源の点に着目した研究は国内外で見られており，日本・中国や台湾において，高速鉄道中間部の都市では既に観光設備を備えていた所だけが恩恵を受けたことが明らかにされている（Okabe, 1979; Cheng, 2009; Wang et al., 2012 and Chen and Haynes, 2012）．観光需要に影響を及ぼすと考えられる要因を観光地・観光資源の視点から定量的に評価した研究は，主として土木計画学の領域で行われている．例えば高橋・五十嵐（1990）は，「AHP（階層分析法）」[1]を用い，北海道函館市の５つの観光スポットがそれぞれ有している固有の魅力度について分析を行っている．海外の事例においては，Sinclair（1990）はヘドニック・アプローチの概念を用いてスペイン・マラガ市の魅力度を評価している．

　こうした各観光地（観光資源）の魅力度を評価する研究が進んでいる

のと同時に，観光地・観光資源を総体的に捉えて魅力度に関して分析を行った研究も見られている．溝尾他（1975）は「規模」「構図」「ローカリティ」の３要因が観光資源のランク付けに寄与していることを明らかにした．室谷（1998）は①賦存資源②活動メニュー③宿泊施設④空間快適性に関する項目を基に，日本の各地の観光地を中心に魅力度評価を行っている．観光需要に関する変数も利用し観光地の魅力度評価を行った研究として，鎌田・山内（2006）は推計した観光需要関数から資源数の多さやレジャーランド・ゴルフ場などの存在が観光需要に影響していることを示し，香月（2018）は「観光資源の充実」「観光地ブランドの明確化」が観光地域づくりにおける地域住民の取り組みで観光地の魅力向上に繋がる要因であることを明らかにした．

交通の視点を踏まえて観光地の魅力度を評価したものとして，柴崎他（2011）はクルーズ客船寄港地の魅力度をAHPにより分析し，全体的に「自然」「歴史・文化」の評価が高く，「レジャー」要素の評価は低いこと，滞在期間や天候等の要因により評価結果が変化する可能性があることを明らかにした．また，溝上他（2000）は，奈良県を事例にアンケート調査を実施し，観光地の魅力度と観光周遊行動を考慮した上での交通需要システムの構築を行った．

このように，鉄道による観光需要の高まりを観光資源の点に着目して分析した研究は高速鉄道に着目した研究が主流であることから，観光列車という視点での研究はなされていない．観光資源の魅力を定量的に捉えた研究においても，如何なる観光資源が観光列車効果に影響を及ぼしたかについて，定量的に明らかにした研究は管見の限り存在しない．

## 8-2．観光資源のデータ抽出と分類

先行研究での観光資源の抽出の仕方を踏まえ，公表データによる観光資源の抽出を行う．（公財）日本交通公社の「観光資源台帳」，各県・市町村の観光統計資料を主として用い，各市町村の観光に関するホームページに記載されている観光資源を補完的に利用している[2]．抽出した

観光資源については，景観を示すものを除き，基本的には徒歩あるいは路線バスを用いて乗り換えをすることなく30分以内で到達可能な駅勢圏の中にある観光資源を抽出しているが，観光資源の近隣に鉄道駅がなく，当該観光資源への主たるアクセス駅として機能している場合についてはこの限りではない[3]．

　観光資源の分類については「観光資源台帳」の区分を参考にした上で，前章の分析を踏まえ，17種類設定した[4]．変数に用いた観光資源の種類と各駅における観光資源の一覧は表8-1に記載している．

## 8-3．単純な沿線観光資源数1変数モデル

### （1）分析手法

　本章においても，これまでの章で用いたJR東日本の駅別定期外乗車人員数のデータを使用する．観光列車導入年の中間駅の前年度比伸び率を観光列車効果と捉え，被説明変数に設定した上で重回帰分析による定量的評価を行う．全体的な観光資源と観光列車効果の発現について概観することを目的に，観光資源の数が観光列車効果に寄与したかを評価する．

### （2）沿線観光資源数

　観光列車の導入効果と観光資源の関係性を分析していくことを踏まえて，以下の仮説を考える．

　　仮説①観光資源を多く有している駅ほど，観光列車導入効果が生じている．

　ここではシンプルに，多くの観光資源を有している地域，即ち観光の魅力が高い地域に属している中間駅ほど，観光列車効果があるという仮説である．駅近隣に所在する観光資源の数を説明変数に投入したモデルで分析を行うこととする．モデル式は以下の通りである．

$$D_i = a + \beta_1 A_i + \varepsilon_i$$

## 表8-1　変数に用いる観光資源一覧

| 観光列車名 | 駅名 | 温泉 | 博物館 | 芸術(美術関係) | 文学関連 | テーマ公園・テーマ施設 | 神社・寺院・教会 | 風景（山岳河川湖沼） | 史跡 |
|---|---|---|---|---|---|---|---|---|---|
| HIGHRAIL 1375 | 清里 | | | | | 萌木の村, 八ヶ岳牧場, 八ヶ岳分場, 清里丘の公園, ともにこの森, コート・ドゥ・ヴェール | | 瑞牆山 | |
| | 野辺山 | | | 南牧村美術民俗資料館 | | | | 硫黄岳 | |
| | 信濃川上 | | | | | | | 国師岳, 男山, 千曲川源流, 白駒池 | 大深山遺跡 |
| | 小海 | | | 小海町高原美術館 奥村土牛記念美術館 | | | | | |
| | 八千穂 | | | | | | | | |
| | 臼田 | | | 鎌倉彫記念館, 川村吾蔵記念館 | | | | 荒船山 | 龍岡城五稜郭 |
| | 中込 | | | | 島崎藤村旧宅 | | | | |
| | 岩村田 | | | | | | 龍雲寺, 安養寺, 円満寺 | | |
| | 佐久平 | | | | | | | | |
| おいこっと | 替佐 | | | | | | | | |
| | 森宮野原 | | | | | ふきのとう, 栄村震災復興祈念館 絆 | 武運濃神社 | | |
| | 津南 | | | | | | | | |
| とれいゆつばさ | 米沢 | | 上杉博物館 | | | 伝国の杜 | 上杉神社 | | 米沢城址 |
| | 高畠 | 太陽館温泉 | | | | | | | 稲荷森古墳 |
| | 赤湯 | 赤湯温泉 | | | | 結城豊太郎記念館 | | | |
| | かみのやま温泉 | 上山温泉 | | | | | | 蔵王山 | 上山城跡 |
| | 山形 | 蔵王温泉 | 山形県立博物館 | 山形市美術館 | | 最上義光歴史館 | 唐松観音堂 | | 霞城公園 |
| | 天童 | 天童温泉 | | 天童市美術館 | | 天童織田の里歴史館 | 善行寺 | | |
| | さくらんぼ東根 | 東根温泉 | | 東根市美術館 | | | | | |
| | 村山 | | | | | 東沢バラ公園 | | 葉山 | |
| | 大石田 | 銀山温泉, 温泉館 | | | | | | | |
| 越乃 Shu*Kura | 直江津 | | 上越市立水族博物館 | | | | 府中八幡宮 | | |
| | 柏崎 | | | | | | | | |
| | 来迎寺 | | | | | | | | |
| | 宮内 | | | | | | | | |
| | 長岡 | | 新潟県立歴史博物館 | 新潟県立近代美術館 | | 山本五十六記念館 | | | |
| | 小千谷 | ちぢみの里 | | | | 市民の家, 錦鯉の里 | 慈眼寺(会見の間) | | 船岡公園西軍墓地, 朝日山古戦場, 馬場清水 |
| | 越後川口 | えちご川口温泉 | | | | | | | |
| SL銀河 | 新花巻 | | 花巻市博物館 | | 宮沢賢治記念館, 宮沢賢治童話村, イーハトーブ館 | | | | |
| | 土沢 | | | 萬鉄五郎記念美術館 | | | | | |
| | 遠野 | | 遠野市立博物館 | | とおの物語の館 | 遠野ふるさと村, 遠野郷土人形民芸村, たかむろ水光園 | 福泉寺, 卯子酉様 | カッパ淵, 遠野盆地 | |
| TOHOKU EMOTION | 鮫 | | | | | 八戸市水産科学館 マリエント | 蕪島神社 | | |
| | 本八戸 | | 八戸市博物館 | 八戸市美術館 | | | | | 八戸城跡 |
| 伊予灘ものがたり | 伊予大洲 | | | | | | | | 大洲城 |

著者作成.

118

## （表8-1　変数に用いる観光資源一覧）

| 観光列車名 | 駅名 | 建造物 | 食（酒） | 食（デザート） | 芸能・興行・イベント | 街並み | 資料館 | 道の駅 | 総合観光施設 | 動物 |
|---|---|---|---|---|---|---|---|---|---|---|
| HIGHRAIL 1375 | 清里 | 清泉寮 | | 清泉寮ソフトクリーム | | | | | | |
| | 野辺山 | | | | | | | | | |
| | 信濃川上 | | | 乳製品 | | 廻り目平 | | | | |
| | 小海 | | | | | | 郷土歴史資料館 | | | |
| | 八千穂 | | | | | | | | | |
| | 臼田 | | | | | | | | | |
| | 中込 | 旧中込学校 | | | | | | | | |
| | 岩村田 | | | | | 岩村田宿 | | | | |
| | 佐久平 | | | | | | | | | |
| おいこっと | 替佐 | | | | | | | | | |
| | 森宮野原 | | | | | | | | さかえ道の駅 | |
| | 津南 | | | | | 秋山郷 | 津南町歴史民俗資料館 | | | |
| とれいゆつばさ | 米沢 | | 酒造資料館 | | | | 宮坂考古館 | | | |
| | 高畠 | | ワイン | | | | 高畠民俗資料館 | | | |
| | 赤湯 | | ワイン | | | | | | | |
| | かみのやま温泉 | | | | | 武家屋敷 | 上山城郷土資料館 | | | |
| | 山形 | 山形市郷土館,文翔館 | | | | | | | | |
| | 天童 | | | 天童ワイン | | | 将棋資料館 | わくわくランド | | |
| | さくらんぼ東根 | | | | 東根サクランボ | | | | | |
| | 村山 | | | | | | | 道の駅むらやま | | |
| | 大石田 | | | | | 大石田そば街道 | 大石田町立歴史民俗資料館 | | KOE no KURA | |
| 越乃Shu*Kura | 直江津 | 旧直江津銀行 | | | | | | | | |
| | 柏崎 | | 原酒造 | | | | | | | |
| | 来迎寺 | | 朝日酒造 | | | | | | | |
| | 宮内 | | 酒ミュージアム 醸蔵 | | | 摂田屋 | | | | |
| | 長岡 | | | | | | 郷土史料館 | | | |
| | 小千谷 | | 日本酒 | | 牛の角突き | | | | 総合産業会館(サンプラザ) | |
| | 越後川口 | | | | 牛の角突き | | 川口歴史民俗資料館 | | | |
| SL銀河 | 新花巻 | | | | | | | | | |
| | 土沢 | | | | | | | 道の駅とうわ | | |
| | 遠野 | 千葉家の曲がり家,佐々木喜善の生家 | | どぶろく | | | 遠野城下町資料館 | 遠野風の丘 | | |
| TOHOKU EMOTION | 鮫 | | | | | | | | | 蕪島のウミネコ |
| | 本八戸 | | | | | みろく横丁 | | | | |
| 伊予灘ものがたり | 伊予大洲 | おおず赤れんが館 | | | | 明治の街並み | | | | |

119

$D_i$ は中間駅 $i$ の観光列車導入年における前年度比増加率，$A_i$ は中間駅 $i$ の観光資源数である．$\varepsilon$ は誤差項を表している．また，観光列車特有の影響を除去するためにダミー変数も設定している．

## （3）単純な沿線観光資源数では説明力が低い

分析結果は表8-2に記載している．同表より，沿線観光資源数と観光列車の導入効果との間には有意な効果が見られないことが明らかとなった．つまり，観光資源数を単に多く有しているだけでは観光列車導入効果が生じないことが示唆されている．このように，仮説①は立証されなかった．

表8-2　分析結果（単純な観光資源数1変数モデル）

| 説明変数 | 係数 | 頑健標準誤差 | t 値 | VIF | |
|---|---|---|---|---|---|
| 定数項 | -0.050 | 0.021 | -2.360 | — | * |
| 観光資源数 | 0.000 | 0.004 | 0.113 | 1.232 | |
| とれいゆつばさ | 0.066 | 0.025 | 2.606 | 1.543 | * |
| SL 銀河 | 0.063 | 0.037 | 1.703 | 1.354 | |
| 越乃 Shu*Kura | 0.061 | 0.026 | 2.305 | 1.412 | * |
| おいこっと | 0.003 | 0.035 | 0.093 | 1.238 | |
| TOHOKU EMOTION | 0.064 | 0.041 | 1.575 | 1.151 | |
| 伊予灘ものがたり | 0.143 | 0.055 | 2.589 | 1.086 | * |
| Adj. R² | 0.194 | | | | |
| Breusch-Pagan 検定 | p 値 | | | | |
| | 0.022 | | | | |
| 観測値数 | 34 | | | | |

著者作成．

# 8-4．観光列車効果に寄与する観光資源の属性

前節の分析で考えられるのは，単に観光資源を多く有していればいいということではなく，観光資源の特性を考慮すべきではないかということである．

## （1）ポジティブな関係

例として「越乃Shu*Kura」は酒造をコンセプトとしているが，この路線の駅の場合，実際にその「食（酒）」を観光資源とする駅に，観光

列車導入効果が大きかった.

　すなわち，観光列車と地元観光資源の財・サービスとしての消費に親
和性・連携性があり，観光列車に乗ることで需要が飽和するのではなく，
さらに，関連の駅におりて体験する行動が促される．消費において双方
がセットとして認知され，消費者は「補完財的」関係として消費計画を
立てると考えられ，駅乗降客数が高まる観光列車導入効果が高い．これ
は補完財的効果と言える.

## （2）ネガティブな関係

　例として「HIGHRAIL 1375」は車窓からの自然の景観の美しさが有
名である．この場合，地元の駅で風景の美しさがあっても殆ど変数とし
て反応がなかった.

　消費者からみると，車窓からの景観を見てある程度満足し，需要が飽
和するので，わざわざ下車して風景を楽しむほどでもないと考えられる，
すなわち，観光列車と地域資源が一種の「代替財的」関係にあると考え
られ，観光列車導入による駅乗降客数の変化は少なかった.

## （3）複数の財・サービスの購入問題

　観光業は，サービス業であり，消費者によるあるコンセプトの体験型
サービス（物販もあるが）の購入とみる．すると，中間駅で下車して観
光を楽しむ行動では，「観光列車」と「地元観光資源」の2つの財ない
しサービスの購入といえる．複数の財の購入問題においては，それぞれ
の財同士の購入の組み合わせを分析するのは，補完財・代替財という概
念[5]である.

## 8-5．補完財・代替財の2変数モデル

### （1）観光列車と観光資源との代替・補完関係

　前節の議論を踏まえ，以下の2つの仮説を考える．

　　仮説②　観光列車と沿線観光資源が補完財の関係にある場合，その
　　　　　観光資源を有している地域には観光列車による導入効果が生じて
　　　　　いる．

　　仮説③　観光列車と沿線観光資源が代替財の関係にある場合，その
　　　　　観光資源を有している地域には観光列車による導入効果は生じて
　　　　　いない．

### （2）2変数での分析

　「温泉」や「街並み」，「道の駅」など，駅で下車し，その地域に足を
延ばす必要がある観光資源が多く見られており，これは観光列車とは補
完財の関係にあると言える．その一方で，「風景」や「食」を中心に，
観光列車の車内で充足できるものもある．この場合は代替財の関係にあ
ると言えよう．

　また，「資料館」のような沿線文化に関する資料を多くの観光列車は
展示している．例えば，「とれいゆ　つばさ」では，車内に沿線の文化
を展示するスペースがある．この場合，観光列車と代替財の関係性があ
ると言えよう．「とれいゆ　つばさ」では車内でワインなどが販売され
ている．したがって，代替財の観光資源を有していると言えるが，その
一方で，高畠駅近隣には「高畠ワイナリー」という補完財としての関係
性を有している観光資源も同時に存在していることから，同じ観光資源
の種類の中でも代替財の関係性にあるケースと代替財の関係性にある
ケースと両方存在する．

　そこで次は，これまでの各観光資源の属性別の分析とは異なり，先ほ
どの分析で抽出していた観光資源を，観光列車の補完財・代替財の該当
する方に区分させることでデータセットを作成し，先と同様の定量分析
を実施する．モデル式は以下のとおりである．

$$D_i = a + \beta_1 C_i + \beta_2 S_i + \varepsilon_i$$

$C_i$は中間駅iの補完財の関係性がある観光資源の有無あるいは観光資源数，$S$は中間駅 $i$ の代替財の関係性がある観光資源の有無あるいは観光資源数である．$\varepsilon$ は誤差項をそれぞれ表している．先と同様，観光列車ダミー変数も設定している．

分析結果は表8-4の通りである．同表からわかるように，観光列車と観光資源が補完財の関係にある場合，その観光資源は5％水準で正で有意であることが示されている．これは補完財機能を持つ観光資源を多く有している地域の玄関口となっている駅であれば，駅利用客の増加に寄与していることが示唆されている．

その一方で，代替財の関係にある観光資源数を捉えた変数は有意とならなかったことから，観光列車と沿線の観光資源が代替財の関係にある場合，駅利用客を有意に増加させるという特性を有していないことも同時に示唆している．

## 8-6. 考察

本章の3つの仮説を踏まえて分析したところ，仮説②「観光列車と沿線観光資源が補完財の関係にある場合，その観光資源を有している地域には観光列車による導入効果が生じている」，仮説③「観光列車と沿線観光資源が代替財の関係にある場合，その観光資源を有している地域には観光列車による導入効果は生じていない」を裏付ける結果となった．したがって，観光列車を導入することによって，沿線地域に対して観光客の増加という形で効果がもたらされるためには，観光列車と補完財関係にあると考えられる観光資源を近隣に有する必要があることが本分析の結果より示唆されている．その一方で，観光列車と代替財の関係にある観光資源を有していても，それは必ずしも導入効果に繋がっていないことも本分析より明らかとなった．

表8-3 観光資源一覧（補完財・代替財別）

| 観光列車名 | 駅名・観光資源の種類 | 温泉 | 博物館 | 芸術（美術関係） | 文学関連 | テーマ公園,テーマ施設 | 神社・寺院・教会 | 風景（山岳河川湖沼） | 史跡 | 建造物 | 食（酒） |
|---|---|---|---|---|---|---|---|---|---|---|---|
| HIGHRAIL 1375 | 清里 | | | | | C | | S | | C | |
| | 野辺山 | | | C | | | | S | | | |
| | 信濃川上 | | | C | | | | S | C | | |
| | 小海 | | | C | | | | S | | | |
| | 八千穂 | | | C | | | | | | | |
| | 臼田 | | | C | | | | S | C | | |
| | 中込 | | | | C | | | | | C | |
| | 岩村田 | | | | | | C | | | | |
| | 佐久平 | | | | | | | | | | |
| おいこっと | 替佐 | | | | | | C | | | | |
| | 森宮野原 | | | | | C | | | | | |
| | 津南 | | | | | | | | | | |
| とれいゆ つばさ | 米沢 | | C | | | C | C | | C | | C |
| | 高畠 | C | | | | C | | | C | | C |
| | 赤湯 | C | | | | C | | | C | | S |
| | かみのやま温泉 | C | | | | | | S | C | | |
| | 山形 | C | C | C | | C | C | | C | C | |
| | 天童 | C | | C | | C | C | | | | S |
| | さくらんぼ東根 | C | | C | | | | | | | |
| | 村山 | | | | | C | | S | | | |
| | 大石田 | C | | | | | | | | | |
| 越乃 Shu*Kura | 直江津 | | C | | | | C | | | C | |
| | 柏崎 | | | | | | | | | | C |
| | 来迎寺 | | | | | | | | | | C |
| | 宮内 | | | | | | | | | | C |
| | 長岡 | | C | C | | C | | | | | |
| | 小千谷 | C | | | | C | C | | C | | S |
| | 越後川口 | C | | | | | | | | | |
| SL銀河 | 新花巻 | | C | | S | | | | | | |
| | 土沢 | | | C | | | | | | | |
| | 遠野 | | C | | C | C | C | S | | C | C |
| TOHOKU EMOTION | 鮫 | | | | | C | C | | | | |
| | 本八戸 | | C | C | | | | | C | | |
| 伊予灘 ものがたり | 伊予大洲 | | | | | | | | C | C | |

著者作成.

（表8-3　観光資源一覧（補完財・代替財別））

| 観光列車名 | 駅名・観光資源の種類 | 食（デザート） | 芸能・興行・イベント | 街並み | 資料館 | 道の駅 | 総合観光施設 | 動物 | 補完財数 | 代替財数 |
|---|---|---|---|---|---|---|---|---|---|---|
| HIGHRAIL 1375 | 清里 | C | | | | | | | 3 | 1 |
| | 野辺山 | | | | | | | | 1 | 1 |
| | 信濃川上 | S | | C | | | | | 2 | 2 |
| | 小海 | | | | C | | | | 2 | 1 |
| | 八千穂 | | | | | | | | 1 | 0 |
| | 臼田 | | | | | | | | 2 | 1 |
| | 中込 | | | | | | | | 2 | 0 |
| | 岩村田 | | | C | | | | | 2 | 0 |
| | 佐久平 | | | | | | | | 0 | 0 |
| おいこっと | 替佐 | | | | | | | | 1 | 0 |
| | 森宮野原 | | | | | C | | | 2 | 0 |
| | 津南 | | | C | C | | | | 2 | 0 |
| とれいゆつばさ | 米沢 | | | | S | | | | 5 | 1 |
| | 高畠 | | | | S | | | | 2 | 1 |
| | 赤湯 | | | | | | | | 3 | 1 |
| | かみのやま温泉 | | | C | S | | | | 3 | 2 |
| | 山形 | | | | | | | | 7 | 0 |
| | 天童 | | | | S | C | | | 5 | 2 |
| | さくらんぼ東根 | S | | | | | | | 2 | 1 |
| | 村山 | | | | | C | | | 2 | 1 |
| | 大石田 | | | C | S | | C | | 3 | 1 |
| 越乃Shu*Kura | 直江津 | | | | | | | | 3 | 0 |
| | 柏崎 | | | | | | | | 1 | 0 |
| | 来迎寺 | | | | | | | | 1 | 0 |
| | 宮内 | | | C | | | | | 2 | 0 |
| | 長岡 | | | | C | | | | 4 | 0 |
| | 小千谷 | | C | | | | C | | 6 | 1 |
| | 越後川口 | | C | | C | | | | 3 | 0 |
| SL銀河 | 新花巻 | | | | | | | | 1 | 1 |
| | 土沢 | | | | | C | | | 2 | 0 |
| | 遠野 | | | | C | C | | | 8 | 1 |
| TOHOKU EMOTION | 鮫 | | | | | | | S | 2 | 1 |
| | 本八戸 | | | C | | | | | 4 | 0 |
| 伊予灘ものがたり | 伊予大洲 | | | C | | | | | 3 | 0 |

表8-4　分析結果2

| 説明変数 | 係数 | 頑健標準誤差 | t 値 | VIF | |
|---|---|---|---|---|---|
| 定数項 | -0.058 | 0.019 | -3.015 | — | ** |
| 補完財 | 0.032 | 0.012 | 2.554 | 1.303 | * |
| 代替財 | 0.003 | 0.012 | 0.216 | 1.657 | |
| とれいゆつばさ | 0.010 | 0.031 | 0.325 | 1.963 | |
| SL 銀河 | 0.027 | 0.036 | 0.761 | 1.383 | |
| 越乃 Shu*Kura | 0.029 | 0.028 | 1.017 | 1.732 | |
| おいこっと | -0.010 | 0.033 | -0.300 | 1.486 | |
| TOHOKU EMOTION | 0.057 | 0.038 | 1.511 | 1.204 | |
| 伊予灘ものがたり | 0.152 | 0.051 | 2.974 | 1.164 | ** |
| Adj. R² | 0.337 | | | | |
| Breusch-Pagan 検定 | p 値 | | | | |
| | 0.035 | | | | |
| 観測値数 | 34 | | | | |

著者作成.

# 8-7．小括

　観光列車の導入で，地域への効果があるその駅での下車は，「その観光列車が提供する財やサービスと地域の観光資源が提供する財やサービスの同時購入」の選択計画とみなすことができ，当然，補完財性・代替財性が関係すると考えることができる．そして，地域ごとの観光資源の数を「補完財」「代替財」変数に分離し，回帰分析をおこなうと，非常によく観光列車の導入効果を説明できることがわかった．「補完財的資源」の多い地域は観光列車の導入効果が顕著であり，「代替財的資源」の多い地域は観光列車の導入効果が有意にみられない．

　このことは消費者が，抽象的なコンセプトを消費する観光において，観光列車とそれから下車したあとの観光資源の消費をセットで認知し，一つのパッケージとして消費計画をたてることが推定される．

　本章より，「まち歩き」の魅力を高めるための観光資源・観光施設や，酒に関わる資源・施設など，観光列車と補完的な関係になっている補完財としての観光資源が，観光列車の停車駅近隣に備わっていることが，観光列車の導入に伴う地域への効果を発現させるために重要なファクターであることが示唆された．そして，代替財としての特性を持つ観光資源は観光列車効果に寄与していないと考えられることも踏まえると，

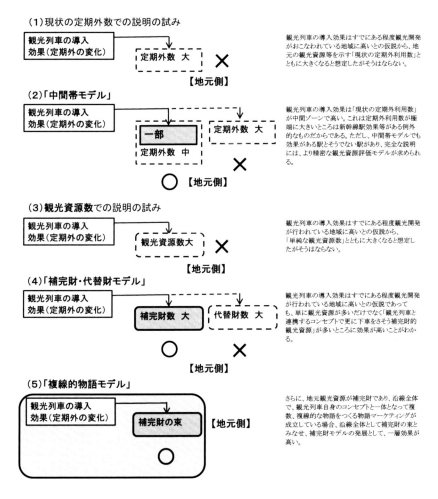

**(1)現状の定期外数での説明の試み**

観光列車の導入効果（定期外の変化）→ 定期外数 大　×
【地元側】

観光列車の導入効果はすでにある程度観光開発がおこなわれている地域に高いとの仮説から、地元の観光資源等を示す「現状の定期外利用数」とともに大きくなると想定したがそうはならない。

**(2)「中間帯モデル」**

観光列車の導入効果（定期外の変化）→ 一部　定期外数 中　定期外数 大　×
○【地元側】

観光列車の導入効果は「現状の定期外利用数」が中間ゾーンで高い。これは定期外利用数が極端に大きいところは新幹線駅効果等がある例外的なものだからである。ただし、中間帯モデルでも効果がある駅とそうでない駅があり、完全な説明には、より精密な観光資源評価モデルが求められる。

**(3)観光資源数での説明の試み**

観光列車の導入効果（定期外の変化）→ 観光資源数大　×
【地元側】

観光列車の導入効果はすでにある程度観光開発が行われている地域に高いとの仮説から、「単純な観光資源数」とともに大きくなると想定したがそうはならない。

**(4)「補完財・代替財モデル」**

観光列車の導入効果（定期外の変化）→ 補完財数 大　代替財数 大
○　×
【地元側】

観光列車の導入効果はすでにある程度観光開発が行われている地域に高いとの仮説であっても、単に観光資源が多いだけでなく「観光列車と連携するコンセプトで更に下車をさそう補完財的観光資源」が多いところに効果が高いことがわかる。

**(5)「複線的物語モデル」**

観光列車の導入効果（定期外の変化）→ 補完財の束　【地元側】
○

さらに、地元観光資源が補完財であり、沿線全体で、観光列車自身のコンセプトと一体となって複数、複線的な物語をつくる物語マーケティングが成立している場合、沿線全体として補完財の束とみなせ、補完財モデルの発展として、一層効果が高い。

図8-1　観光列車導入効果モデル
著者作成.

観光列車の導入に伴う観光利用客増加を通じた効果を沿線地域が享受するためには，観光列車と補完財の関係にあたる観光資源を開発することが重要であると思われる．

# 注

[1] AHP（階層分析法）とは，意思決定の問題が存在している状態において，問題・評価基準・代替案の3つで構成された階層図に基づき，問題に対して最適と思われる代替案を決定する方法である（小林・松田，2019）.

[2] これは，観光関連の統計を公表しているにもかかわらず，観光地点・観光資源の記載のないケース，あるいは主たる観光資源しか記載していないケースがあり，変数として計上できる観光資源数がかなり限定されるという問題がここでも生じたことによる.

[3] 銀山温泉や蔵王温泉などがこれに該当する.

[4] 年中行事やスキー場のように季節性が強く働くと考えられる観光資源区分については本分析においては採用していない.

[5] 2つの財ないしサービスが同時に購入される選好をもつ財・サービスを「補完財」といい，良く挙げられる例がコーヒーと砂糖である．これに対し，ある財・サービスを購入することにより需要が満たされ，別の財・サービスの購入が控えられる財を「代替財」という．良く挙げられる例がコーヒーと紅茶である．また，J・R・ヒックスは『価値と資本』(1939) において，価格変化から定義した．経済学において，ある2つの財（第1財・第2財とする）について見たときに，第1財の財の価格が変化すれば，第2財の需要量が，その変化と同じ符号で変化するという関係にあるものを代替財という．つまり，第1財の価格上昇に伴って，その代わりに第2財の需要が増加した場合は互いに代替財である．一方，第1財が価格上昇し需要が減少した際に，第2財の需要も同時に減少する関係にある財は補完財である.

# 第9章

## 観光列車における観光資源の統一化
## ―「複数の物語モデル」

## 9-1. はじめに

### (1) 研究目的

　本章の目的は，持続的な誘客力を持つ観光列車が有している観光価値の構造および，観光列車の導入によってもたらされる地域経済への定量的な効果とその課題について明らかにすることである．これまで論じてきたように，観光列車の導入は観光による地域活性化の観点においても重要な意味を持っていると考えられるが，観光列車の誘客力の源泉や観光列車が地域経済にもたらす効果を捉えた研究には課題が見られている．

　はじめに，「伊予灘ものがたり」を構成し誘客力の源泉となっている観光価値およびその構造を把握し，同列車による具体的な地域経済への効果を定量的に捕捉するために経済波及効果を推計する．旅行者を誘客するために有益な観光価値および構造と，それを備えた観光列車で地域を訪れる旅行者によってもたらされる経済波及効果の大きさを捉えることで，観光列車が地域経済にどれほど寄与しているかを明らかにする．

### (2) 先行研究

　中村・小長谷（2014）は我が国で走行している観光列車を対象に，小長谷（2012）の提示したモデルに従い「見る」「食べる」「買う」の各要素が観光列車に備わっているかどうかをマクロ的に捉え，異なるタイプの観光価値を持つことで観光列車の魅力度が高くなるものとしている．一方，上記の3要素によらない観光価値を明らかにした研究として米田

（2015），藤田・榊原（2017）が挙げられる．米田（2015）は「伊予灘ものがたり」を対象に社会学の視点からコミュニケーションに着目して観光価値の生成過程を捉え，乗客と沿線住民・沿線観光客が手を振り，振りかえすという行為が観光価値として機能していることを明らかにした．藤田・榊原（2017）は観光列車の価値を「経験価値」から捉え，JR九州の観光列車戦略は経験価値が当該戦略の重要なファクターとして機能しており，中でも沿線地域のアクターが主体となる「地域ソフト型経験価値」を有している観光列車は走行線区の輸送密度の観点から持続的な効果を有していることを示唆している．

　このように，観光列車に備わっている価値を捉えた研究は，どのような観光価値を内包しているかに着目しているが，こうした観光価値は今や多くの観光列車が備えているものでもある．また，観光列車による地域経済への効果という観点に着目すると，中村・小長谷（2014）は「指宿のたまて箱」を事例に経済波及効果の推計を行っているが，「伊予灘ものがたり」と「指宿のたまて箱」では運行日数も異なることから，経済波及効果にも違いが見られる可能性がある．以上の点から継続的に高乗車率を誇っている「伊予灘ものがたり」の事例において経済波及効果を推計することは有意義なものと思われる．

## 9-2．分析視角・分析手法の設定

　まずは「伊予灘ものがたり」が高乗車率を維持している要因の分析を目的に，先行研究を参考に観光価値を構成する要素を捉え，観光価値の構成要素の構造について分析する．誘客力の源泉となっている観光価値およびその構造を明らかにした後，具体的な地域への経済効果を捉えるために，産業連関分析による経済波及効果の推計を行っていく（図9-1）．

### （1）観光要素論
　小長谷（2012）は「見る」「食べる」「買う」の本質的要素と，観光要

素を時間・空間的に統合する（即ち，イベントや休息地点の設置を意味する）「回遊性」の4要素を観光まちづくりにおける観光要素モデルの素材として示した．本章ではこのモデル，および先述したコミュニケーションからなる観光価値や（米田，2015），地域住民が主体となって提供する「地域ソフト型経験価値」（藤田・榊原，2017）も踏まえつつ，「伊予灘ものがたり」が有している観光価値を捕捉する．

## （2）範列的構造と統辞的構造

　安島（2014）は言語学（記号論）の理論を援用して観光価値の生成について考察し，「範列的構造」または「統辞的構造」が観光地における総合的価値を生成していくことを示した[1]．彼は金沢市を例にとり，長町武家屋敷・東の茶屋・西の茶屋・主計町料亭街という範列的構造があり，「昔賑わった町並み，その面影を今に伝える」という統辞的構造，ストーリーで括ることができるとしている．そして統辞的構造が複線化することが地域の観光的価値の基礎を強固なものとし，魅力的な地域づくりに寄与すると述べている．本稿では安島（2014）の枠組みを援用し，観光列車における観光価値の構造を明らかにする．

## （3）経済波及効果の推計

　「伊予灘ものがたり」導入に伴う地域活性化効果を定量的に捉えるため，産業連関分析により経済波及効果を導出する．産業連関分析とは，ある産業への支出がその産業と関連している他部門にも効果を及ぼすように，部門間の支出と投入を表した産業連関表を用いた分析手法であり[2]，観光需要の変化がどのような影響を及ぼすかについては，マクロ経済，都道府県，市町村レベルで産業連関表を用いた経済波及効果の推計が行われている（薮田，2017）．また，先述したように中村・小長谷（2014）が同様の手法で経済波及効果を推計していることからも，「伊予灘ものがたり」の導入による経済波及効果を，産業連関表を用いて推計することは適当であると考える．

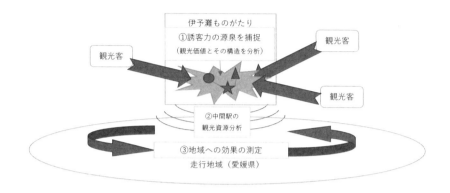

**図9-1 本章の概略図**

著者作成.

## 9-3.「伊予灘ものがたり」の利用状況

### （1）利用概況

「伊予灘ものがたり」の利用状況について見ていこう．JR四国は「伊予灘ものがたり」の利用者数が1万人を達成するごとに達成日数等を発表している（表9-1）．表9-1より，運行日数60日前後で1万人ずつ利用者が増加してきたことがわかる．1日あたり4便運行しているため概算になるが，高乗車率が長期間維持されていることも確認できる．つまり「伊予灘ものがたり」には持続的な誘客を可能にする何らかの価値が備わっていることが推察される．

### （2）利用者数からみる「伊予灘ものがたり」の効果

愛媛県「主要駅旅客発着人員」より，停車駅である松山・伊予大洲・八幡浜の1日当たり定期外乗車人員を推計すると，導入年は唯一の中間駅としての属性も持つ伊予大洲のみが前年度比で増加を示している．内訳を詳細に見ると，松山では全指標が前年度比減少，伊予大洲では全指標が前年度比増加，八幡浜では下り列車の到着のみで前年度比増加を示している．翌2015年度は発着に直接関わる区分においては全てで前年度

比増加を示している.

　とりわけ伊予大洲駅では松山からの到着を示す「下り到着」および松山方面に向かう人員数を示す「上り出発」が常に増加を示していることから，同駅で降りる或いは乗車する旅客が常に増加している．即ち，「伊予灘ものがたり」の導入は大洲市の観光客の入込に寄与していることが示唆されている（表9-2）.

### 表9-1　「伊予灘ものがたり」の利用状況

| 達成年月日 | 利用者数（人） | 運行開始日からの達成日数（日） | 1万人毎の達成日数（日） | 1日あたり利用者数（人） | 1日あたり乗車率 |
|---|---|---|---|---|---|
| 2015. 3. 7 | 10000 | 66 | 66 | 151.5 | 75.8% |
| 2015. 8.29 | 20000 | 121 | 55 | 181.8 | 90.9% |
| 2016. 2.27 | 30000 | 184 | 63 | 158.7 | 79.4% |
| 2016. 7.31 | 40000 | 239 | 55 | 181.8 | 90.9% |
| 2016.12.10 | 50000 | 296 | 57 | 175.4 | 87.7% |
| 2017. 6. 2 | 60000 | 355 | 59 | 169.5 | 84.7% |
| 2017.10.22 | 70000 | 412 | 57 | 175.4 | 87.7% |
| 2018. 4.15 | 80000 | 469 | 57 | 175.4 | 87.7% |
| | | | | 運行開始後の平均乗車率 | 85.6% |

出所：JR四国（2018）「「伊予灘ものがたり」8万人達成イベントの実施について」より著者作成.

### 表9-2　3駅における旅客発着人員の推移

| | | 下り | | 上り | |
|---|---|---|---|---|---|
| | | 発 | 着 | 発 | 着 |
| 2014 | 松山 | -0.71% | -3.62% | -2.41% | -5.65% |
| 2015 | 松山 | 1.97% | 3.51% | 3.63% | 3.94% |
| 2016 | 松山 | -3.71% | 3.71% | 0.97% | -0.83% |
| 2017 | 松山 | 0.52% | 0.64% | 1.78% | 1.67% |
| 2014 | 伊予大洲 | 9.64% | 8.90% | 7.51% | 6.81% |
| 2015 | 伊予大洲 | 5.54% | 36.27% | 22.04% | 5.31% |
| 2016 | 伊予大洲 | -8.88% | 6.61% | 8.42% | -7.82% |
| 2017 | 伊予大洲 | -2.80% | 2.04% | 6.35% | -3.71% |
| 2014 | 八幡浜 | -5.17% | 0.82% | -0.42% | -6.15% |
| 2015 | 八幡浜 | -1.43% | 7.06% | 5.33% | 2.74% |
| 2016 | 八幡浜 | -6.50% | -3.31% | -2.29% | -10.15% |
| 2017 | 八幡浜 | -2.91% | -1.74% | -1.25% | -2.29% |

出所：愛媛県「主要駅旅客発着人員」より著者作成.

# 9-4.「伊予灘ものがたり」の観光価値

## (1) 観光価値の構成要素

　「伊予灘ものがたり」を構成する観光価値として考えられる要素を小長谷（2012）に従い，表9-3にまとめている．なお，観光列車の場合，観光要素を繋げる舞台である「回遊性」は観光列車そのものの空間を指すと考えられることから，車両デザインを構成要素として挙げている．また，他の予讃線の列車と比較した際の「伊予灘ものがたり」特有の構成要素については太字・下線で示している．沿線の自然風景については普通列車でも楽しむことができ特有の観光資源とは言えないが，専属アテンダントによる案内放送が行われることから，その魅力を高めることには成功していると考えられる．視覚的な要素としては沿線の自然風景だけではなく，沿線住民有志による歓迎や大洲城の旗振りも挙げられ，視覚的な観光価値に繋がる要素を多く内包していることがわかる．「買う」楽しみとしては車内販売だけではなく，沿線住民有志による特産品販売も行っていることで，こちらも観光価値を強固にしていると言えよう．

　回遊性，即ち観光列車自体の空間である車両デザインに着目すると，一部の座席は海向きに設定されており，山側の座席は伊予灘の景色が望めるように一段高くなっている．また，砥部焼の洗面台や車内ディスプレイの愛媛県の伝統工芸品（伊予水引や今治漆器）の展示も空間の魅力を高める要素として挙げられる．

表9-3　「伊予灘ものがたり」を構成する要素（1）

| 見る | 食べる | 買う | 回遊性 |
|---|---|---|---|
| 伊予灘の風景<br>菜の花畑（春）<br>**沿線住民による歓迎**<br>**大洲城旗振り** | **豊富な食事メニュー** | 車内販売<br>**駅での特産品販売** | 車両デザイン |

出所：「伊予灘ものがたり」ホームページ（http://iyonadamonogatari.com/　[最終閲覧日2018年9月14日]）および現地調査より著者作成．

## （2）観光価値に関する分析

　表9-3より小長谷（2012）の観光要素モデルに当てはめると，全ての観光要素を満たしていることがわかる．中村・小長谷（2014）では観光列車の魅力において「食」「土産」の開発余地があるとされているが，こうした中で全ての要素を満たしていることから，このモデル上では「伊予灘ものがたり」は完成され且つ，多面的な魅力を兼ね備えた観光列車であると結論付けることができよう．

　しかしながら，観光における身体的活動は「見る」「食べる」「買う」だけではない．米田（2015）が明らかにしたように，「伊予灘ものがたり」を媒体として利用者と沿線住民がお互いにコミュニケーションをとることによって観光価値が生成されている．つまり，旅行者が自ら「参加・交流」することで新たな観光価値が生まれている．とりわけ交流活動は観光まちづくり・着地型観光においても重要視されており（十代田，2010; 金井，2008など），「見る」「食べる」「買う」という観光価値を持つ本質的な要素に加え，「参加・交流」による精神的充足が，観光列車における観光価値をより高めるものになると考えられる．

　さらに，「伊予灘ものがたり」のケースにおけるコミュニケーションからなる観光価値は，観光列車が持続的な効果を有するために必要な要素として藤田・榊原（2017）が示した「地域ソフト型経験価値」にも繋がる．沿線からの歓迎・おもてなしという経験価値を享受する過程を通じ旅行者がコミュニケーションに「参加・交流」することで，重層的な観光価値が生成されていると考えられる（表9-4）．

表9-4　「伊予灘ものがたり」を構成する要素（2）

| 見る | 参加・交流 | 買う | 食べる | 回遊性 |
|---|---|---|---|---|
| 伊予灘の風景 菜の花畑（春） | 駅での特産品販売 沿線住民による歓迎 大洲城旗振り | 車内販売 | 豊富な食事メニュー | 車両デザイン |

地域ソフト型経験価値としての要素も併せ持つ．　出所：表9-3に同じ．

## （3）観光列車における価値の構造

多くの観光価値の構成要素を内包することは，安島（2014）が示したように「範列的構造」を充実させ，そこから1つのストーリーである「統辞的構造」を紡ぎだすことを可能にする．「伊予灘ものがたり」を構成する要素を改めて見ていくと，車内で提供される食事の食器には伝統工芸品である砥部焼（コーヒーカップ）や伊予水引（箸置き）が使用されており，これらは地域の文化を伝えるものと言えよう．地域文化という文脈においては，五郎駅は一時期「たぬきの駅」として知られていたことから（米田，2015），五郎駅の「たぬき駅長」による歓迎の手振りも文化を伝える要素といえる．したがって，「食器」「伝統工芸品の展示」「走行線区の駅の歴史」といった要素は沿線をはじめとした「伊予の文化を伝える」というストーリー，即ち統辞的構造で括ることができる．

同様に，「沿線住民による歓迎」「大洲城旗振り」「駅での特産品販売」は地域ソフト型経験価値として「地域の人々との触れ合い」というストーリーを構成し，愛媛県産の食材が用いられた食事，伊予灘等の沿線風景は「愛媛の自然を感じる」というストーリーで括ることができる．

また，「伊予灘ものがたり」ではテーマソングとミュージックホーンが制作されている．テーマソングは運行中に車内で流れており，ミュージックホーンは下灘駅での途中下車時において，出発の合図を知らせる際に使用され，共に松山出身のミュージシャンが作曲している．デザインに関してはJR四国の社員が行うなど，車両そのものは回遊性の性質によって観光要素を空間的に統合するだけではなく，「伊予・四国に根差した特別な空間」というストーリーを紡いでいる．

このように「伊予灘ものがたり」では複数のストーリーが紡がれており，安島（2014）の提示した「統辞的構造の複線化」は観光列車にも見られていることがわかる．そして，複線化されたストーリーをさらに統合した全体の構造が観光列車のテーマ，即ち「伊予灘ものがたり」という統辞的構造をなしていると言えよう（図9-2）．中村・小長谷（2014）は異なる種類の観光要素を内包することで観光列車の魅力度が高まるとしているが，「伊予灘ものがたり」が高乗車率を維持していることを踏

まえると，単に多くの観光要素を内包し観光列車という空間で統合する
だけではなく，その要素間や観光列車の空間自体に統辞的構造としての
ストーリーが構成されているかどうかも重要な視点であることが示唆さ
れている．

**図9-2　「伊予灘ものがたり」における統辞的構造**
著者作成．

## （4）補完財の束としての物語マーケティング

　前章まで見たコンセプトモデルと同様，沿線観光資源とのコンセプト
の一致は観光列車効果の発現のために重要な要素と指摘できる．すなわ
ち，沿線観光資源を統一する形でストーリーとして形成したものである
（複数の物語モデル）．そして，大洲でのまち歩きプログラムの充実といっ
た補完財がさらに集まった束であるという側面も相まって，「伊予灘も
のがたり」の効果は生まれているものと考えられる．

　このように，本事例はコンセプトの連携・集合としての認知がさらに
進んだとみられる例と言える．観光列車としては成功例とみられる「伊
予灘ものがたり」は，沿線全体で統一コンセプトをつくり，統辞論的構
造を持ち，「複数の物語が統合されたマーケティング」となっており，
これは補完財モデルをさらに高度化したものと考えられ，それが成功の
カギとなっているものと思われる．

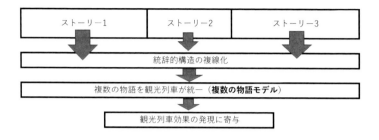

図9-3　複数の物語モデル
著者作成.

## 9-5．沿線地域への観光列車効果

### （1）「伊予灘ものがたり」による愛媛県への経済波及効果

#### 1）愛媛県の観光入込客増加数と観光消費額

　表9-1より，「伊予灘ものがたり」の乗客数は1年足らずで2万人ずつコンスタントに増加していることから，1年間に2万人利用すると仮定する[3]．2万人の内訳については，実際に乗客の属性を継続的に調査し把握する方法もあるが，「伊予灘ものがたり」は高乗車率を長期間維持している故に愛媛県における誘引力のある観光資源の1つとして考えられることに加え，先述した期待されうる経済波及効果という点も考慮し平均的に捉えるため，「平成28年 共通基準による観光入込客統計」より，愛媛県に観光目的で訪れている「日帰り（県内）」「日帰り（県外）」「宿泊（県内）」「宿泊（県外）」「訪日（観光）」の5区分の比率に従って按分した（国土交通省観光庁，2018）．推計された各区分の人数に，同統計の各区分に応じた愛媛県旅行における1人1回あたりの観光消費額を乗じ，2万人の観光入込客による愛媛県内での観光消費額を推計すると，1億4844万5815円となった（表9-5）．

### 表9-5　愛媛県内での観光消費額

| | 訪日外国人 | 県内 | | 県外 | |
| | 宿泊 | 宿泊 | 日帰り | 宿泊 | 日帰り |
|---|---|---|---|---|---|
| 観光入込客数<br>単位：千人回 | 66<br>(0.5%) | 373<br>(2.8%) | 8,272<br>(62.1%) | 1,509<br>(11.3%) | 3,093<br>(23.2%) |
| 2万人を按分<br>単位：人 | 99 | 560 | 12,427 | 2,267 | 4,647 |
| 観光消費額単価<br>単位：円／人回 | 35,020 | 11,419 | 3,612 | 24,875 | 8,027 |
| 観光消費額<br>単位：円 | 3,472,275 | 6,398,689 | 44,886,147 | 56,390,558 | 37,298,146 |
| 観光消費額合計：1億4,844万5,815円 | | | | | |

出所：国土交通省観光庁（2018）「平成28（2016）年 共通基準による観光入込客統計」を基に推計し作成.

## 2）愛媛県への経済波及効果

　本節では「平成23年愛媛県105部門産業連関表」を使用し分析を行っていく．県内需要増加額の推計に際し観光消費額を項目別に分ける必要があるが，中村・小長谷（2014）に倣い公表データを参照して消費額の内訳を算出する．直接効果（県内需要増加額）は5647万50円と推計され，「直接効果＋間接一次効果」は7340万6719円と算出された．次に間接二次効果を求めたところ，1068万1486円と推計された[4].

　これにより，総合効果は8408万8206円と推計された[5,6].「伊予灘ものがたり」が運行を開始してから高乗車率を維持したまま6年以上が経過しているが，試算した総合効果が踏まえると5億円近い経済波及効果がもたらされている可能性が示唆されている．

## （2）経済波及効果に関する考察

　経済波及効果の観点から，「伊予灘ものがたり」は愛媛県の地域経済に対して重要な役割を担っていると指摘できるが，中村・小長谷（2014）は「指宿のたまて箱」による経済波及効果を運行初年（2011年3月〜12月）で60億1000万円と試算したことを踏まえると，「伊予灘ものがたり」の経済波及効果は非常に小さいように思われる．その要因の1つに運行頻度の違いが挙げられる．「指宿のたまて箱」は1日3往復で且つ毎日

運行しているが,「伊予灘ものがたり」は先述したように土休日を中心に1日2往復の運転のため,乗車率が高くとも,年間での利用可能な乗客数が大きく異なる.したがって,観光消費額が「指宿のたまて箱」の事例に比べて小さくなっていると考えられる.

この点から,経済波及効果の拡大を図るには運行日数を増加させる手法が考えられ,この場合は運行事業者であるJR四国に対しても運輸収入の増加に繋がると考えられる.しかし,「伊予灘ものがたり」の誘客力は沿線住民が観光価値の生成に寄与していることで支えられている側面が存在する.したがって,安易に増便を実施してしまうと沿線住民の負担の増加は免れないことから,増便は観光価値の低下に繋がりかねず,「伊予灘ものがたり」の誘客力を損なってしまう可能性が存在する.つまり,沿線住民が観光列車の価値を構成するアクターとして参画している以上,運行頻度の増加と観光列車の価値はトレードオフの関係にあると考えられる.こうした中で,JR四国は短期的な利益に囚われず運行スケジュールを組み,結果的に希少性を高めていることも相俟って,年間あたりの経済波及効果は小さいが,その反面,持続的な誘客が達成されているものと思われる.

また,「指宿のたまて箱」の事例においては,旅行者の属性が全て宿泊者と仮定して経済波及効果が算出されているが[7],本章では旅行者の属性として「日帰り旅行者(県内・県外)」が8割以上を占めている.加えて,宿泊者属性の観光消費額を比較しても,愛媛県における旅行者1人当たりの平均観光消費額は鹿児島県のそれと比較すると小さい.したがって,こうした点も経済波及効果を大幅に押し下げた要因であると推察される.

このように,観光列車が持続的な誘客を達成するに有用なツールであったとしても,旅行者の属性や旅行者の消費行動といった要因によって経済波及効果の度合は大きく変化する.したがって,大きな経済波及効果を期待する場合は,観光列車の魅力を高めるだけでは不十分であり,地域への観光消費を増加させるような取り組みを実施し,域外への経済効果の漏出を防ぐような地域の産業構造の構築等を併せて行うことが肝

要であろう.

## 9-6．小括

### （1）まとめ

　本章では観光列車「伊予灘ものがたり」の観光価値の構成要素および
その構造を捉えた上で,駅利用者数の増加している中間駅（伊予大洲駅）
が属する大洲市の観光資源と「伊予灘ものがたり」との関係性や,経済
波及効果について分析を進めてきた.

　本分析より,「伊予灘ものがたり」は各々の観光要素において「統辞
的構造」をなしており,観光価値をより高めていることが示唆された.
加えて,伊予大洲駅の定期外利用者数も増加していることから,上述の
メカニズムによる観光列車の価値の高まりに加え,大洲市の観光資源を
活用したまち歩き観光を充実させる取り組みが重なり合い,大洲市には
観光列車効果が発現しているものと考えられる.

　産業連関分析を行ったところ,「伊予灘ものがたり」の経済波及効果
は年間で8408万8206円と推計されたが,「指宿のたまて箱」を事例とし
た先行研究と比較すると小さい.しかし,沿線住民が観光列車の価値向
上に寄与していることから,さらなる経済効果を期待して増便を行うこ
とは適切な戦略とならないことが考えられ,むしろ観光価値の低下を招
きうる.この点を考慮すると,大きな経済波及効果を期待する場合,観
光列車の魅力を高めるだけでは不十分で,当該地域への観光消費を増加
させるような取り組みの実施や,域外への経済効果の漏出を防ぐような
地域の産業構造の構築等も行うことが重要であると指摘できる.

### （2）インプリケーション

　先行研究では異なる種類の観光要素を内包することで観光列車の魅力
度が高まるとされていたが,それに加え,その要素や観光列車の空間自
体に統辞的構造としてのストーリーが構成されているかどうかも重要な
視点であることが示唆された.また,経済波及効果の推計により,高乗

車率が続いている観光列車においても，こうした観光列車の導入だけは先行研究で示されていたような大きな経済波及効果が走行地域に必ずしももたらされないことが示唆された.

　観光価値を強める「統辞的構造」に着目すると，「伊予灘ものがたり」だけではなく，JR九州は自社の観光列車を「D&S（デザイン＆ストーリー）列車」と称していることから，まさしく「ストーリー」としての統辞的構造を意識していることがわかる．このように，鉄道事業者は観光列車を導入する際，複数のストーリーを紡ぎ，そこから全体のテーマを作り，それをコンセプトとすることによって，より一層の効果をもたらすものと考えられる.

　また，優れた観光価値を持つ観光列車の導入により，観光列車に乗ることを目的とする旅行パターンが創出されることで観光客の誘客に繋がり，鉄道事業者だけではなく沿線地域を中心に経済効果がもたらされると思われるが，その効果の大きさについては観光列車による誘客力のみならず，当該地域の経済構造や旅行者の消費額によっても規定される．特に地域住民が観光価値に寄与している場合，運行頻度と観光価値はトレードオフの関係にあると考えられることから，持続的な効果をもたらすためには運行頻度を適切に設定した上で，旅行者の属性を変化させることも含めた観光消費の促進に繋がる観光振興策や産業政策を併せて実施することが重要となる.

## 注

1 Chandler（1994）によると，範列とは，あるグループに属する関連する記号の集合を意味しており，そのグループからある記号を選択した場合，同じグループに属する他の記号は選択されないという構造を持つ．一方，統辞とは「これ」と「これ」と「これ」という組み合わせを意味し，この組み合わせにより意味のある（メッセージ性を持つ）全体像を形成することになる．これらの点について詳しくはChandler（1994），Spiggle（2003）を参照されたい.
2 産業連関分析の理論的背景については小長谷・前川編（2012）が詳しい.
3 本稿においては往復の利用はないものとして考える.
4 なお，県内需要増加額の推計時に必要な消費性向は，「平成28年家計調査年報」より，松山市（2人以上勤労者世帯）の数値である0.72を使用している（総務省統計局，2017）.
5 1円未満は四捨五入しているため，各効果の合計値と総合効果の数値は一致しない.

6　なお，自給率を100％と見做した場合の総合効果は1億5564万8266円（内訳は直接＋間接一次効果が1億3541万1959円，間接二次効果が2023万6307円）と推計された．

7　中村・小長谷（2014）は，指宿駅の利用者数の増加分が指宿市への宿泊者数の増加分とほぼ同値だったことから旅行者全てを宿泊者と見做して推計している．また，鹿児島県における観光客1人当たりの消費額は鹿児島地域経済研究所の調査より4万702円と設定している．

# 第10章

## 鉄道輸送サービスの高付加価値化に関する
## 定量的研究─観光列車アメニティの計測

### 10-1. はじめに

#### (1) 研究目的

　本章の目的は，観光列車自身の観光資源，すなわち，観光列車で見られている鉄道輸送サービスにおける高付加価値化について，これを達成する要因を定量的に明らかにすることである．

　一般に鉄道輸送サービスは安全性・速達性といった要素で品質が規定されると考えられるが，観光列車に備わっている価値を捉えることによって観光列車を通じた鉄道輸送サービスの高付加価値化に有用と考えられる価値属性が明らかになるものと思われる．しかしながら，この点について定量的に明らかにした研究は見られない．本章では観光列車に備わっている諸属性を「観光列車アメニティ」と呼ぶことにする．この観光列車アメニティについて，財・サービスを様々な属性の集合体として考えるヘドニック・アプローチの考え方を用いて，観光列車の価値属性の把握を試みる．

#### (2) 先行研究

　ヘドニック・アプローチを用いた実証研究は，日本の乗用車の品質調整済み価格指数を推計した太田（1978），ホテルの宿泊料金に影響を与える特性について分析した神頭（2009）など数多く挙げられる．そして，付加価値を同手法によって明らかにした研究として，住宅サービスにおけるデザイン性や地域ブランドといった質的側面について評価した小西他（2007）が挙げられる．よって，鉄道輸送サービスにおいても同様の

手法で価値属性の把握が可能だと考えられる．

　本研究でこれまでレビューしてきたような，観光要素による鉄道輸送の高付加価値化というコンテクストで分析がなされた先行研究はあるものの，定性的な分析に留まっており，どのような要素にどの程度の価値を有しているかを定量的に把握した研究は見られない．つまり，本章の分析によって，観光列車の導入を通じた高付加価値化に有用な属性を定量的に捉えることができ，鉄道事業者の経営戦略や鉄道事業の振興に有益な知見をもたらすことが可能になると考えられる．

## 10-2．ヘドニック・アプローチ

　本章ではヘドニック・アプローチという考え方を基に実証分析を進めていく．ヘドニック・アプローチとは，ある財・サービスを様々な特性が集合したものとして捉えている「ヘドニック仮説」と呼ばれる考え方を基にしている．

## 10-3．実証分析

### （1）使用するモデル

　ヘドニック・アプローチでは市場が競争下にあることが前提となっていることから，地域独占的な性質を持つ鉄道事業では適さないとも考えられるが，料金については，JRや大手私鉄を中心に既存の料金の枠組みを用いて観光列車料金が設定されていることも多いが，指定席料金・特急料金・グリーン料金などが適宜組み合わされており，加えて，柔軟な価格設定が可能な旅行商品としての販売も近年は多く見られている．また，一度設定された料金がその後変更されているケースもあることから，観光列車料金は市場価格に近い値が得られるものと考える[1,2]．

　白塚（1997）によると，ヘドニック価格関数の推計は，観察された価格を被説明変数に，品質に影響を与える諸特性を説明変数として選択し，定数項と誤差項を入れた形で回帰分析を行う．また，ヘドニック価格関

146

数は諸特性に関する市場の需給均衡価格曲線とされるため関数形のアプ
リオリな理論的制約は存在せず，実証的観点から適宜のものを選択すれ
ばよい（白塚，1994）．先行研究の多くでは半対数型または両対数型が
用いられていることから，本章においてもそれに倣い，以下のモデルを
用いて推計を行う[3]．

$$\ln P_i = a + \beta \ln K_i + \gamma \ln C_i + \mu \ln Y_i + \sum_{j=1}^{18} \delta_j D_{i,j} + \varepsilon_i$$

　$P_i$は観光列車 $i$ の料金，$K_i$は観光列車 $i$ の運行距離，$C_i$は観光列車 $i$
の車両あたり定員数[4]，$Y_i$は観光列車 $i$ の運行年数[5]，$D_{i,j}$は観光列車 $i$ の
第 $j$ 番目の属性，$\varepsilon$ は誤差項をそれぞれ表している．

　料金と運行距離は，観光列車iの両端駅間（始発駅から終着駅）の数
値を採用しており，JRの特急料金については通常期の指定席料金とし
ている[6]．なお，1列車で複数の等級が設定されている場合は下位等級
の料金を[7]，旅行商品の場合は当該観光列車の運行区間の運賃額を差し
引いた値を採用している．また，基本的には1列車1サンプルとしてい
るが，列車によっては既存の料金枠組みを活用した観光列車料金と旅行
商品が併存しているケースがある．この場合に限り1列車複数サンプル
を認めているため，75種類の観光列車に対してサンプル数は90となって
いる（表10-1）．

　ダミー変数として処理している観光列車アメニティとして，非日常を
楽しめる列車の代表格と考えられる「SL」属性と「トロッコ」属性，
車内設備として物販や飲食物の提供を行っている「ビュッフェ・カウン
ター」，風景を楽しむための「展望スペース」，沿線地域の文化・民俗資
料等を展示している「文化資料の展示・上演」，アニメキャラクターと
のタイアップを示す「キャラクター」，デザインに対する価値を示す「デ
ザイン性1〜4」をそれぞれ設定した．なお，デザイン性の概要につい
ては表10-2に記載している．

　運行距離，SL，トロッコ，ビュッフェ・カウンター，展望スペース，
文化資料の展示・上演，キャラクター，デザイン性では正の符号が想定

147

される．車両あたり定員数に関しては，定員が減るほど車内での1人あたり面積が増えることから快適性を表していると考えられるため負の符号が，運行年数についても新しいほど観光列車の魅力が高いと考えられることから負の符号がそれぞれ予想される．

水戸岡鋭治氏が監修を務めた観光列車のデザイン属性については，2011年を境にそれ以降はJR九州のみならず各鉄道事業者においても同氏がデザインを担当した観光列車が増加し始めてきたことから，表10-2にあるように2011年までと2012年以降に分けている[8]．2011年までは他に同様の内装を持つ列車が殆ど見られないことから，デザイン性の価値が高く見られる一方，それ以降においては同氏の監修した観光列車がすでに日本各地を走行していたため，当該属性の価値が低下する可能性が考えられる．したがって予想符号はデザイン性1・2ともに正ではあるが，後期は前期よりも小さい値となることが想定される．

小西他（2007）が地域ブランド属性を取り入れたように，事業者属性が何らかの傾向を見せる可能性が考えられる．そこで，事業者別で見た場合に最も多くの観光列車を導入しているJR東日本を基準としたうえで，JR北海道，JR西日本，JR四国，JR九州に加え，大手私鉄（西武，東武，東急，南海，近鉄，西鉄），地方鉄道（JR各社および大手私鉄に属さない鉄道事業者）に区分した事業者属性を設定している．

また，観光列車には，旅行商品として車内で提供される食事がセットとなった形で販売されている場合があることから，ランチ・ディナーと軽食（カフェメニュー等）のダミー変数を設定している．これらの予想符号は全て正である．

## （2）分析・考察

分析結果を表10-3に示している．自由度修正済み決定係数は0.898と非常に説明力の高い結果と言える．想定した符号通りで有意となった変数は「運行距離」，「車両あたり定員」，「SL」，「ビュッフェ・カウンター」，「デザイン性4（グッドデザイン賞）」，「軽食（カフェメニュー等）」，「ランチ・ディナー」である．この他，事業者エリア属性としてJR九州，

地方鉄道についても正で有意となった[9].車両あたり定員数・ビュッフェ・カウンター属性がそれぞれ有意になったことから，車内空間の快適性・魅力が高いほど価値が見られているものと思われる．SLは乗車機会が限られているため大きな経験価値を有していると考えられるが，その価値の存在が定量的にも示唆されている．2017年度に入り，東武鉄道では「SL大樹」の運行が開始され，JR西日本は「SLやまぐち号」に旧型客車に模している車両を導入した．こうした動きは，SLが観光客に対する強い誘因力を持つ観光資源であることを如実に表している．

デザイン性変数についてはデザイン性4のみが正で有意となり，グッドデザイン賞の受賞が価値属性として機能していることが示唆されている．デザイン性1については負で有意となった．その理由として，本属性に該当する殆どがJR九州の観光列車（11本中9本）となっているため，JR九州の観光列車の影響力がかなり強く働いていると思われる．実際にJR九州属性の推計値は非常に大きいことから，水戸岡氏のデザインの影響というよりも，この値を調整する効果を拾ったものと考えられる．デザイン性2については有意とならなかったこと，および事業者属性の有意性判定より，特に2012年以降のJR九州の観光列車に対して，また，地方鉄道の観光列車に対して，消費者の支払意思が反映されている可能性が示唆されている．したがって，これらの事業者ブランドをはじめとする，事業者や地方エリア固有の属性が付加価値として働いているものと思われる．

文化資料展示・上演属性については有意となったが想定とは反対の符号であった．この属性を有する観光列車は，いわば博物館的な要因を持つため，観光列車料金を入場料のような形で捉えることができることから，この属性には付加価値として料金を設定できる余地があると言えよう[10].また，運行年数が有意とならなかった理由として，観光列車の中には定期列車と週末を中心に運行する臨時列車が混在していることから年間あたりの運行本数が観光列車によって異なること，およびストーブ列車やSLかわね路号のように古い車両に価値があるという側面が存在すること等が推察される．

## 表10-1　本研究のサンプルとなる観光列車

| 運行会社 | 導入年 | 愛称 | 区間 | | |
|---|---|---|---|---|---|
| 大井川鉄道 | 1976 | SL かわね路 | 新金谷 | - | 千頭 |
| JR 西日本（国鉄） | 1979 | SL やまぐち | 新山口 | - | 津和野 |
| 南阿蘇鉄道 | 1986 | ゆうすげ号 | 立野 | - | 高森 |
| 秩父鉄道 | 1988 | SL パレオエクスプレス | 熊谷 | - | 三峰口 |
| JR 東日本 | 1989 | SL みなかみ | 高崎 | - | 水上 |
| JR 北海道 | 1989 | くしろ湿原ノロッコ | 釧路 | - | 塘路 |
| JR 九州 | 1989 | ゆふいんの森 | 博多 | - | 由布院 |
| 真岡鉄道 | 1994 | SL もおか | 下館 | - | 茂木 |
| JR 西日本 | 1995 | SL 北びわこ号 | 米原 | - | 木ノ本 |
| JR 東日本 | 1997 | リゾートしらかみ | 秋田 | - | 弘前・青森 |
| JR 北海道 | 1998 | 富良野美瑛ノロッコ | 旭川 | - | 美瑛・富良野 |
| わたらせ渓谷鉄道 | 1998 | トロッコわたらせ渓谷 | 大間々 | - | 足尾 |
| JR 西日本 | 1998 | 奥出雲おろち | 木次 | - | 備後落合 |
| JR 東日本 | 1999 | SL ばんえつ物語 | 新潟 | - | 会津若松 |
| 会津鉄道 | 1999 | お座トロ展望列車会津浪漫 | 会津若松 | - | 会津田島 |
| JR 北海道 | 2000 | SL 冬の湿原号 | 釧路 | - | 標茶・川湯温泉 |
| JR 東日本 | 2001 | きらきらうえつ | 新潟 | - | 酒田 |
| 伊予鉄道 | 2001 | 坊っちゃん列車 | 道後温泉 | - | 松山市・古町 |
| JR 九州 | 2004 | いさぶろう・しんぺい | （熊本）・人吉 | - | 吉松 |
| JR 九州 | 2004 | はやとの風 | 鹿児島中央 | - | 吉松 |
| JR 西日本 | 2005 | 瀬戸内マリンビュー | 三原 | - | 広島（呉線経由） |
| JR 四国 | 2006 | 瀬戸大橋アンパンマントロッコ | 岡山 | - | 高松 |
| 津軽鉄道 | 2007 | ストーブ列車 | 津軽五所川原 | - | 津軽中里 |
| JR 東日本 | 2008 | リゾートみのり | 仙台 | - | 新庄 |
| 富士急行 | 2009 | 富士登山電車 | 大月 | - | 河口湖 |
| 南海電鉄 | 2009 | 天空 | 橋本 | - | 高野山（極楽橋） |
| JR 九州 | 2009 | SL 人吉 | 熊本 | - | 人吉 |
| JR 九州 | 2009 | 海幸山幸 | 宮崎 | - | 南郷 |
| JR 東日本 | 2010 | リゾートビューふるさと | 長野 | - | 南小谷 |
| 富山地方鉄道 | 2011 | アルプスエキスプレス | 電鉄富山 | - | 宇奈月温泉 |
| JR 九州 | 2011 | 指宿のたまて箱 | 鹿児島中央 | - | 指宿 |
| JR 九州 | 2011 | あそぼーい！ | 熊本 | - | 宮地 |
| JR 九州 | 2011 | A 列車で行こう | 熊本 | - | 三角 |
| JR 東日本 | 2012 | Pokemon with you トレイン気仙沼号 | 一ノ関 | - | 気仙沼 |
| わたらせ渓谷鉄道 | 2012 | トロッコわっしー | 桐生 | - | 間藤 |
| JR 東日本 | 2013 | TOHOKU EMOTION | 八戸 | - | 久慈 |
| 近鉄 | 2013 | しまかぜ | 難波・京都・名古屋 | - | 賢島 |

著者作成.

※「いさぶろう・しんぺい」は専用車両が導入された2004年を，「ストーブ列車」はストーブ列車料金が新たに設定された2007年をそれぞれ導入年としている．

## （表10-1　本研究のサンプルとなる観光列車）

| 運行会社 | 導入年 | 愛称 | 区間 | | |
|---|---|---|---|---|---|
| 京都丹後鉄道 | 2013 | 丹後あかまつ号 | 天橋立 | - | 西舞鶴 |
| JR 四国 | 2013 | しまんトロッコ | 宇和島 | - | 窪川 |
| 肥薩おれんじ鉄道 | 2013 | おれんじ食堂 | 新八代 | - | 川内 |
| JR 東日本 | 2014 | とれいゆつばさ | 福島 | - | 山形・新庄 |
| JR 東日本 | 2014 | SL 銀河 | 花巻 | - | 釜石 |
| JR 東日本 | 2014 | 越乃 Shu*kura | 上越妙高 | - | 十日町 |
| しなの鉄道 | 2014 | ろくもん | 長野 | - | 軽井沢 |
| 大井川鉄道 | 2014 | SL トーマス号 | 新金谷 | - | 千頭 |
| 京都丹後鉄道 | 2014 | 丹後くろまつ号 | 天橋立 | - | 西舞鶴 |
| JR 四国 | 2014 | 伊予灘ものがたり | 松山 | - | 伊予大洲・八幡浜 |
| JR 東日本 | 2015 | おいこっと | 長野 | - | 十日町 |
| JR 東日本 | 2015 | フルーティアふくしま | 郡山 | - | 会津若松 |
| 小湊鐵道 | 2015 | 里山トロッコ | 上総牛久 | - | 養老渓谷 |
| 大井川鉄道 | 2015 | SL ジェームス号 | 新金谷 | - | 千頭 |
| JR 西日本 | 2015 | 花嫁のれん | 金沢 | - | 和倉温泉 |
| JR 西日本 | 2015 | ベル・モンターニュ・エ・メール | 新高岡・高岡 | - | 氷見・城端 |
| のと鉄道 | 2015 | のと里山里海 | 七尾 | - | 穴水 |
| JR 九州 | 2015 | 或る列車 | 大分ー日田 | - | 佐世保ー長崎 |
| 西武鉄道 | 2016 | 旅するレストラン　52 席の至福 | 池袋・新宿 | - | 西武秩父 |
| JR 東日本 | 2016 | 現美新幹線 | 越後湯沢 | - | 新潟 |
| JR 東日本・伊豆急行 | 2016 | 伊豆クレイル | 小田原 | - | 伊豆急下田 |
| 富士急行 | 2016 | 富士山ビュー特急 | 大月 | - | 河口湖 |
| えちごトキめき鉄道 | 2016 | 雪月花 | 上越妙高 | - | 糸魚川 |
| 長良川鉄道 | 2016 | ながら | 美濃太田 | - | 郡上八幡・北濃 |
| 近鉄 | 2016 | 青の交響曲 | 大阪阿部野橋 | - | 吉野 |
| JR 西日本 | 2016 | ラ・マルせとうち | 岡山 | - | 宇野 |
| JR 四国 | 2017 | 四国まんなか千年ものがたり | 多度津 | - | 大歩危 |
| JR 九州 | 2017 | かわせみやませみ | 熊本 | - | 人吉 |
| 東武 | 2017 | SL 大樹 | 下今市 | - | 鬼怒川温泉 |
| 東急・伊豆急行 | 2017 | THE ROYAL EXPRESS | 横浜 | - | 伊豆急下田 |
| JR 東日本 | 2017 | HIGH RAIL 1375 | 小淵沢 | - | 小諸 |
| JR 西日本 | 2017 | ○○のはなし | 新下関 | - | 東萩 |
| JR 四国 | 2017 | 志国高知　幕末維新号 | 高知 | - | 窪川 |
| 長良川鉄道 | 2018 | 川風 | 美濃太田・関 | - | 郡上八幡 |
| 近鉄 | 2018 | つどい | 近鉄名古屋 | - | 湯の山温泉 |
| JR 西日本 | 2018 | あめつち | 鳥取 | - | 出雲市 |
| 西日本鉄道 | 2019 | THE RAIL KITCHEN CHIKUGO | 西鉄福岡 | - | 太宰府・大牟田 |
| 平成筑豊鉄道 | 2019 | ことこと列車 | 直方 | - | 行橋 |

## 表10-2　デザイン性属性一覧

|  | 概要 |
|---|---|
| デザイン性1 | 水戸岡鋭治氏デザインの列車（2011年まで） |
| デザイン性2 | 水戸岡鋭治氏デザインの列車（2012年以降） |
| デザイン性3 | 奥山清行氏デザインの列車 |
| デザイン性4 | グッドデザイン賞受賞列車 |

著者作成.

## 表10-3　分析結果

| 説明変数 | 係数 | 標準誤差 | t値 | VIF | |
|---|---|---|---|---|---|
| 定数項 | 7.407 | 0.662 | 11.181 | — | *** |
| 運行距離 | 0.236 | 0.079 | 2.997 | 1.779 | ** |
| 車両あたり定員 | -0.554 | 0.148 | -3.735 | 3.826 | *** |
| 運行年数 | -0.023 | 0.073 | -0.318 | 2.417 | |
| SL | 0.438 | 0.159 | 2.749 | 2.200 | ** |
| トロッコ | -0.130 | 0.183 | -0.707 | 2.377 | |
| ビュッフェ・カウンター | 0.305 | 0.107 | 2.838 | 1.788 | ** |
| 展望スペース | -0.256 | 0.143 | -1.789 | 1.443 | |
| 文化資料展示・上演 | -0.259 | 0.109 | -2.378 | 1.947 | * |
| キャラクター | -0.004 | 0.214 | -0.018 | 1.278 | |
| JR北海道 | 0.339 | 0.272 | 1.247 | 1.570 | |
| JR西日本 | 0.224 | 0.178 | 1.255 | 1.889 | |
| JR四国 | 0.409 | 0.232 | 1.760 | 1.866 | |
| JR九州 | 1.507 | 0.249 | 6.043 | 4.049 | *** |
| 大手私鉄 | 0.262 | 0.185 | 1.417 | 2.028 | |
| 地方鉄道 | 0.398 | 0.157 | 2.535 | 3.991 | * |
| デザイン性1 | -0.914 | 0.226 | -4.041 | 3.329 | *** |
| デザイン性2 | -0.031 | 0.137 | -0.223 | 2.070 | |
| デザイン性3 | 0.213 | 0.205 | 1.036 | 1.455 | |
| デザイン性4 | 0.793 | 0.214 | 3.715 | 1.277 | *** |
| 軽食（カフェメニュー等） | 1.264 | 0.160 | 7.892 | 1.523 | *** |
| ランチ・ディナー | 2.074 | 0.149 | 13.958 | 1.913 | *** |
| Adj. $R^2$ | 0.898 | | | | |
| 観測値数 | 90 | | | | |
| | $\chi^2$ | | p値 | | |
| Breusch-Pagan検定 | 31.394 | | 0.067 | | |

※ *** は0.1%，** は1%，* は5%水準で有意であることを示す.

著者作成.

## 10-4．小括

### （1）まとめ

　本章の分析の結果，車内の居住空間の快適性の向上やビュッフェ・カウンターといった車内販売に関する設備の設置，SL属性やグッドデザイン賞属性が観光列車アメニティとして高付加価値化に寄与していると考えられ，観光列車による鉄道輸送サービスの高付加価値化が達成されていることが定量的に示唆された．

　事業者別の属性についてもJR九州，地方鉄道事業者で有意な結果が得られたことから，事業者ブランドをはじめとする事業者や地方エリア固有の属性が付加価値として働いている可能性も示唆されている．一方，沿線における民俗資料の展示や上演については有意に負の値が推計されたことから，この点については高付加価値化に対する料金として設定する余地があるものと思われる．

### （2）インプリケーション

　観光列車を通じた鉄道輸送サービスの高付加価値化を達成する要因について，先行研究では定性的な分析で明らかにされていた中，本章ではそれを定量的に把握した．

　高付加価値化を達成する要因の1つにビュッフェ・カウンターの設置が挙げられるが，この属性は観光列車の価値を高めるだけではなく，食事や土産品の購入に繋がることから，その設備を介して沿線特産品を販売することで地域経済にも寄与するものと思われる．

　また，デザイン性に対する価値は限定的なものであった．尤も，本研究では新造あるいは改造車両をサンプルとしているため，一定程度のデザイン性は観光列車の所与の条件として成立しているものと思われる点には留意すべきだが，その上でデザイン性によって差別化を図るには，グッドデザイン賞など第3者に評価されるような高いデザイン性を持つ列車に造成する必要があることを示唆している．しかし，一般的に経営資源が潤沢とは言えない地方鉄道事業者にとっては，新造しグッドデザ

イン賞などを受賞した「雪月花」のような事例はあるものの，デザイン性に資源を集中させることが難しい側面が否定できない．事業者属性が部分的ではあるが正で有意の結果が見られていることも踏まえると，おもてなしに代表されるソフト面での付加価値の向上などを通じた各鉄道事業者のブランド戦略も重要になると言えよう．

## 注

1 例えば「現美新幹線」は運行当初，旅行商品として販売が主であったが，2019年8月現在は指定席特急料金或いは自由席特急料金で乗車可能となっており，「SLトーマス・ジェームス号」は当初乗車券（普通運賃は1810円）に加えて1000円の追加で乗車できたが，2019年夏季は3000円で乗車券がセットとなり，フリー切符と組み合わせての乗車に制約がかかるようになっている．

2 加えて，近年はネット予約割引など既存の料金の枠組みよりも安価で特急列車等を利用できることからも，通常の鉄道輸送サービスにおいても従来に比べて市場価格に近い料金になってきているものと思われる．

3 太田（1980），白塚（1994）は，対数変換を行った関数形が選ばれる理由として，推計および解釈が容易であることを挙げている．

4 基本的には1両あたりの平均定員数だが，編成内で等級が複数ある場合，当該等級で利用可能な車両数で除した平均定員数としている（例えばSLばんえつ物語は7両編成だが，うち1両はグリーン車のため普通車の定員を6で除している）．

5 当該観光列車の現行車両の運行開始からの年数を採用している．なお，対数変換するため運行初年を1としている．

6 但し，「現美新幹線」については主たる設備が自由席扱いのため，新幹線自由席特急料金を採用している．

7 したがって，SLばんえつ物語やSLやまぐちは普通車指定席料金を採用している．

8 同変数については，年次を考慮せず水戸岡氏デザインの列車や地方鉄道における同氏デザインの列車でのダミー変数の投入も試みたが，VIFが10を超え多重共線性の可能性が否定できないことから，年次で区分した組み合わせを採用した．

9 Breusch-Pagan検定の結果，5％水準で不均一分散は棄却されなかったが，p値が0.067と極めて小さかったことから頑健標準誤差での有意性判定も行ったが，5％水準で有意となった変数に差異は生じなかった．

10 観光列車に備わる博物館的機能についての研究についての詳細は，藤田（2019b），藤田（2021）を参照されたい．

# 第11章

# 新しい内発的発展論としての観光列車の役割
## —大井川鐵道を事例に

## 11-1. 問題意識

### (1) 外発的発展から内発的発展へ

　本章の目的は，観光列車が関与している内発的観光で見られている地域外資源の地域資源化についてのメカニズムを明らかにすることである．

　身近な地域資源を用いることができるなど，観光は地方圏における内発的発展の手段として有効だとされている（安本，2015）．内発的発展の視座から観光による地域振興について論じている研究は枚挙に暇がないが，例えば，桑畠・糸賀（2001）は，「まちづくり型」の観光地を形成した山形県西川町を事例に，糸賀（1990）が提示していた大規模な公共事業や民間投資に頼らずに地域資源の有効活用を図りながら，地域振興に取り組むという「町づくり・村おこし，自発的自力活性型」が農山村地域の振興モデルとして有用であることを示している．三橋・宮崎（1990）は，新潟県山北町における観光開発の研究から，内発的な地域発展の特質を挙げた上で，外来型の地域開発は「よそもの」の論理によって当該地域の有している社会的・文化的価値が反故にされたと述べているように，外来型開発を厳しく批判している．

　ただし，本来の内発的発展論自身は，資本，顧客（マーケット），人材等がすべて地域中心という視点であったが，Ward et al.（2005）は「ネオ内発的発展論」を，小長谷（2016d）は顧客と人材は外部に開かれた「内発的外需開拓型モデル」を提唱しているように，新しい内発的発展論が見られており，内発的発展に重要な地域資源を基盤にしつつも，外部資

源である地域外人材も活用することで観光開発・観光まちづくりを行った事例に着目した研究が行われている．例えば，森重（2014）は，北海道登別市，黒松内町，標津町を事例に，外部資源としての地域外人材を活用した観光開発について，地域外から幅広く知識やノウハウ，人材を取り入れている一方，ビジョンに基づく意思決定権を地域社会が確保することで自律的な活動を続けていることを示した．安本（2015）は，栃木県那須町，群馬県上野村，鳥取県鳥取市を事例に研究し，地域外人材と地域内関係者との交流・相互作用から地域内関係者が「発展の方向と道筋」を主体的につくり出し，経験・知識を蓄積・更新して活動を展開することが可能になると論じている．そして，大澤（2018）が述べているように，「外からの目（線）」，「知識」，「労力」，「人材」等の外部資源が地域の内部と結びつき，住民自身が「まちづくり」に向かう力が生み出され，その活動条件が整えられるところに外部資源の効果がある．

　一方で，古谷・小池（2012）は，長野県茅野市を事例に地域外資本による観光開発が行われたものの，継続的な価値向上の取り組みや当該地域からの雇用の確保等の実施により地域振興への貢献度が高いことを明らかにした．このように，外来型開発による観光振興が地域に利益をもたらした事例も見られることから，外来型が観光開発のあり方として好ましくないとは一概に言い切れず，土屋（1993）が「「内発」，「外発」に関わらず，重要なのは，地域資源をどのように利用して，どのような振興を目指すのかを地域自身がはっきりと認識して開発に取り組むこと」と指摘している通りと言える．

　このように，内発的発展・外来型開発のそれぞれの手法による観光開発が地域に好影響をもたらした研究が行われており，内発的な観光開発においても人的資本を中心とする他地域との交流が重要であるとの認識を示した研究は多く見られている．しかし，知識や外部の目とは異なる地域外資源，即ち，物質的な地域外資源の存在と内発的観光の関係性について着目した研究は管見の限りでは存在しない．

　そこで本章では，地域外資源が導入されることにより内発的観光に繋がっている事例として，静岡県島田市と川根本町を事業エリアに持つ大

井川鐵道を取り上げる．同社は蒸気機関車を運行していることで有名だが，同社の保有している蒸気機関車は日本各地およびタイで走行していたもので，大井川鐵道にゆかりがあるわけではない．同時に，付帯施設である転車台についても元来その場所に存在したものではなく移設あるいは新設したものである．以上の点から，地域外資源の導入による観光開発と位置付けることができる．

## （2）地域資源とは

　地域資源について，文部科学省は，①非移転性（地域的存在であり，空間的に移転が困難），②有機的連鎖性（地域内の諸地域資源と相互に有機的に連鎖），③非市場性（非移転性）という性格から，どこでも供給できるものではなく，非市場的な性格を有するもの）の3要件が備わっていることを示し[1]，今村（1995）は，「地域だけに存在し，その地域だけが利用できる地域的な存在であり，非移転資源であるから希少性を持っている」と述べている．これらの定義では当該地域にのみ存在する資源が地域資源であることを意味しているが，森重（2014）はこれをより広範に捉え，「地域社会の歴史や文化などのコンテクスト（文脈，背景）やアイデンティティが付与され，地域住民の間で共有されている資源」としている．

　本章では，地域外資源と内発的発展の関係性に着目することから，①ある地域だけに存在し当該地域だけで利用可能なもの，②その上で地域社会に根ざし，共有されている資源を地域資源と定義したい．

　この定義を踏まえると，地域外資源であった蒸気機関車や転車台等が大井川流域の地域社会の歴史・文化を形作っていったものと思われる．つまり，それだけ長い期間，蒸気機関車を運行し続けることに成功したということであり，大井川鐵道の鉄道事業戦略を捉えることで，地域外資源の地域資源化を可能にしたのかを明らかにできると考えられる．

## 11-2．動態保存—大井川鐵道と蒸気機関車

### （1）大井川鐵道の概要[2]

　大井川鐵道は静岡県島田市の金谷駅から同県榛原郡川根本町の千頭駅を経由し，静岡市葵区の井川駅までを結ぶ全長65kmの路線である．金谷〜千頭間が大井川本線，千頭〜井川間が井川線で，蒸気機関車の動態保存は大井川本線で行われている．

　同鉄道は大井川上流部の電源開発と森林資源の輸送を目的として設立され，大井川本線は1949年に電化開業，中部電力の専用軌道であった井川線区間は1959年に営業運転を開始した．1990年，アプトいちしろ〜長島ダム間が山岳地帯の走行に適したラック式鉄道（アプト式）となる．当該区間は日本で現存する唯一のラック式鉄道である[3]．

　さて，大井川鐵道の運輸収入（図11-1）および輸送人キロ（図11-2）について見ていくと[4]，1970年以降，定期収入（実質化），定期輸送人キロ共に減少傾向を示していることから，定期輸送が極めて厳しい状況にあることが読み取れる．実際に，2014年のダイヤ改正では大井川本線の運行本数を14往復から区間運転含む9往復に削減している[5]．

　蒸気機関車の動態保存が行われていることから，定期外旅客が大井川鐵道を支えている側面が両グラフからわかるが，定期外運輸収入も1990年代から減少傾向を示し始めた．1987年の国鉄分割民営化以降，日本各地でSL列車が運行を開始するようになる．いわば競争相手が出現したことでその影響が如実に表れた恰好となった．加えて，2003年の土砂崩れ（大井川本線神尾駅），2011年の東日本大震災等の災害に端を発する落ち込みや2013年の高速乗合バスの走行距離規制に伴うツアー客減少による落ち込みが見られるようになった．図11-1・図11-2は井川線区間のデータも含むため，2014年9月に発生し約2年半生じていた井川線の接岨峡温泉〜井川間の不通の影響にも留意する必要があるが，2011年度以降は増減を繰り返してはいるものの，全体的な傾向としては増加している．

　観光との関係性に目を向けてみると，SL列車の乗客の大半はバスツ

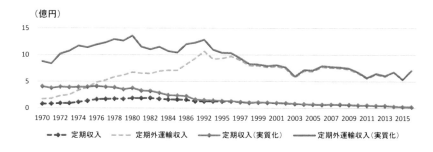

**図11-1　運輸収入の推移（1970〜2016年度）**

出所：『民鉄統計年報』『鉄道統計年報』より著者作成．
実質化した値についてはCPI（鉄道運賃（JR以外））を用いている．

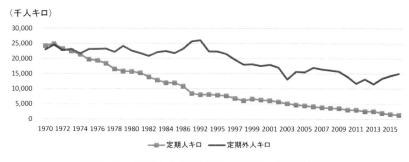

**図11-2　輸送人キロの推移（1970〜2016年度）**

出所：『民鉄統計年報』『鉄道統計年報』より著者作成．

アー参加者を中心とするマスツーリストで，地域の自然・文化，人々との関わり合いも希薄なまま地域を離れ，地域側においても住民自身の取り組み等を通じた内発的な観光まちづくりが実践されてこなかったが，2000年代に入り，全国的なエコツーリズムやグリーンツーリズムなどの地域資源の活用を通じた観光が提起されて以降，大井川流域でもこのような観光形態の模索が始まり，フィルムコミッションの設立や蒸気機関車等の産業観光等が実施されることとなった（天野，2016）．

　なお，本章では今後大井川本線のSL列車について取り上げることから，特記事項がない限り，路線名の表記は省略する．

## （2）動態保存開始までの経緯[6]

大井川鐵道における蒸気機関車の動態保存は1970年の2109号機までさかのぼる．国鉄の「動力近代化計画」で蒸気機関車の廃止は全国的に見られ，大井川鐵道においても1949年の金谷〜千頭間（現：大井川本線の区間）の電化に伴い蒸気機関車は姿を消していた．こうした背景の下，鉄道友の会などから歴史的価値を有する蒸気機関車の保存の声が上がっている中，同会に所属し名鉄から大井川鐵道に出向していた白井昭氏が自社に対して動態保存を打診，西濃鉄道（大垣市）から同機を譲り受け，動態保存を行うようになる．

しかし，2109号機の導入は蒸気機関車による観光鉄道化を目的としたわけではなく，大井川鐵道としてはあくまで歴史的価値を有する蒸気機関車の動態保存を目的としていたため，動態保存は千頭駅構内であった．そして，2109号機の動態保存が成功を収めたことから社内では蒸気機関車による観光鉄道化の機運も高まりつつあり，こうした中，ドイツ製のクラウス10型15号および17号を「借り入れ」て千頭〜川根両国間で遊覧運転を行った．

動態保存の実績を積み上げていく中で，白井氏は1949年まで大井川鐵道を走行していたC11，C12の動態保存の実施を画策していた．国鉄の木曽福島機関区で廃車になったC12 164が走行可能であったが，国鉄の規則上，民間企業への貸し出しは不可能ということであったが，国鉄は本川根町（現：川根本町）に「教育資料」として貸し出し，それを大井川鐵道が借り受け，千頭駅で動態保存を行った（1973年）．これにNHKが目を留め，連続テレビ小説の撮影のために本線上を走ることになる．

乗客やドラマの視聴者からの蒸気機関車の本線運転復活の声が高まり，それに押される形で1975年，蒸気機関車による金谷〜千頭間における営業運転開始を決定する．この際，2109号機やクラウス，C12では本線上を運行するに馬力などの面から不安があったことから，牽引力のあるC11の導入を決定し，1976年にC11 227による本線での動態保存がスタートする．

## （3）本格的な動態保存の開始

　蒸気機関車が人気を博す中，増発を検討していた時にタイ政府から
C56の安価での譲渡の話が舞い込むことになる．当該機関車であるC56
44は札幌機関庫，苗穂機関区に配置されていたが，太平洋戦争に伴う供
出でタイへと渡っていた．1979年に再び日本へと戻り大井川鐵道に入線，
1980年に運行を開始する．

　C56 44の運行開始後もSL列車の人気は続き，さらなる増発のため
1997年に導入されたのがC10 8である．同機は，現役引退後は化学企業
である「ラサ工業」宮古工場（岩手県宮古市）の工場専用線で使用され
ていたが，専用線廃止後は保存運転を経て休車となり，売却先を探して
いた宮古市と大井川鐵道の利害が一致し大井川鐵道に譲渡された．

　また，牽引力のある機関車を補充するためにC11 312とC11 190を導入
することになる．C11 312は，引退後は三重県松阪市のドライブインで
静態保存されていたが，1988年に復活を遂げた．しかし，老朽化が激し
く現在は部品取り用の車両となった．C11 190は引退後，八代市の民間
人が国鉄から購入していたが，保存費用がかかることから八代市へ保存
を持ちかけたものの，市も費用面から断念していたという経緯がある．
こうした中，大井川鐵道が譲渡を申し入れ無償譲渡が成立したが，動態
保存に係る改修費用が極めて高くなることが判明した．こうした中で
「C11 190号機復活支援募金」が始まり，改修費用の30％強にあたる約
1600万円が集まった．改修・整備が進められ，2003年に大井川鐵道で運
用が開始された．このように，2019年2月現在では4機（C10 8，C11
190，C11 227，C56 44）の蒸気機関車が動態保存されている．

## （4）客車

　営業運転を行う動態保存の場合，蒸気機関車だけではなく客車の存在
も必要不可欠となる．大井川鐵道の場合，1976年の本線上動態保存の開
始から今日に至るまで，「旧型客車」と呼ばれている旧国鉄が戦前〜戦
後にかけて製造した客車を用いている．当時の国鉄では先述した「動力
近代化計画」に伴う旧型客車の電車・気動車への置き換え，また地方圏

における普通列車用，団体・臨時列車用に新型客車への置き換えも進んでいたが，当時から大井川鉄道の経営状態は芳しくなかった．つまり，新型客車の購入が厳しかったという側面が考えられ，国鉄（清算事業団）および分割民営化後のJR東日本から余剰車となった旧型客車が継続的に譲渡された[7]．2019年2月現在も旧型客車を牽引しているが，車齢60年を優に超えていることもあり，2016年にはJR北海道から14系客車，2018年にはJR西日本からSLやまぐち号として使用されていた12系客車を譲受した（表11-1）．

表11-1　客車導入年一覧

| 導入年 | 形式 |
|---|---|
| 1976 | オハ35 149<br>オハフ33 215, 469 |
| 1978 | オハ35 435 |
| 1980 | オハ35 22, 459<br>ナロ80 1[*] |
| 1981 | オハ35 559, 857 |
| 1982 | スイテ82 1[†] |
| 1985 | オハ47 81<br>スハフ42 184, 286<br>ナロ80 2[*] |
| 1986 | スハフ43 1,2 |
| 1987 | オハ46（47）380, 398, 512<br>オハニ36 7 |
| 1992 | スハフ42 186, 304 |
| 2016 | スハフ14 502,557[*]<br>オハ14 511,535[*] |
| 2018 | スハフ12 702[‡]，オハフ13 701[‡]<br>オハ12 701,702,703[‡] |

出所：『鉄道ピクトリアル』2016年6月号，p.18および大井川鐵道ニュースリリースより著者作成．

## （5）付帯施設

　蒸気機関車は片運転台のため，逆機運転[8]に制約がかかる．そのため転車台は蒸気機関車の運転に際して重要度の高い設備であり，テンダー式のC56 44が導入されてからはその重要度が増す[9]．そこで国鉄赤谷線の東赤谷駅の使用されなくなった転車台が1980年に千頭駅に移設され

る．しかし，蒸気機関車の運行する両端の駅に転車台が無ければ順方向での蒸気機関車の牽引はできないため，その後も約30年間，基本的に上り列車（金谷行）は逆機での運行であった．

　こうした中，2011年10月，新金谷駅に島田市が寄贈した転車台が完成する．これにより上下便ともに順方向での牽引が可能となり，SL列車は新金谷発着となった．結果として，上り列車にもツアー団体客に乗ってもらうコースが設定しやすくなり，乗車効率を高めることにも繋がった．

## 11-3．大井川鐵道におけるSL列車戦略

### （1）SL列車戦略

　先に見たように大井川鐵道は当初から蒸気機関車を観光の柱とするつもりではなく，あくまでも技術を後世に伝えるという目的であったが，同社は1980年代に入るとSL列車に係る施策を積極的に打ち出していく．客車は運行開始時から旧型客車であったことには変わりないが，1980年に展望客車やお座敷客車の導入等が行われ，1984年には乗客100万人を達成した[10]．SL列車の競争相手が極めて少ない時期においても積極的な観光客の誘客を目的とした施策が講じられていた．

　その後に国鉄が分割民営化され，JR各社が発足後はJR東海・JR四国を除いて蒸気機関車の動態保存が始まり，地域鉄道事業者においては真岡鐵道と秩父鉄道でもSL列車の運行が始まる等，競争相手となる鉄道事業者が増加してくる．この環境下において，90年代にはC10 8の動態保存が始まり，またSL運行開始15周年，20周年記念運転として蒸気機関車の重連運転を行うなど，経営資源を有効に活用した事業戦略を行っていた．

　しかし，動態保存に適した静態保存機も年月の経過とともに見られなくなってくる．C11 190以降に入線した蒸気機関車はなく，既存の蒸気機関車を用いて誘客する必要がある．そこで，蒸気機関車運転復活20周年や会社創立70周年も終えたとき，C11やC12をトーマスに変身させら

れないかというイベント案が出てきた．当時は日本での版権が媒体ごとに数社で確立されており，ブリット社からのコントロールを受けていたためそれは不可能であったが，そうした制約がある中で1995〜1997年の夏季にはトーマスフェスティバルを千頭駅構内で開催し，1998年にはC11 227が「それいけ！アンパンマン」のキャラクターである「SLマン」に原作者のやなせたかし氏の協力と版権を持つテレビ局の理解があったことで改装された[11]．

　トーマスへの改装案は2014年に結実することになる．2014年夏，「きかんしゃトーマス」の公式イベントである「Day out with Thomas[12]」が，マスターライセンスを持つ株式会社ソニー・クリエイティブプロダクツ（以下：SCP）の協力の下で開催された．同年から2019年にかけて，このイベントは夏季限定で行われており，C11 227がトーマス号，C56 44がジェームス号（ジェームス号は2015年以降）に当該期間のみ改装されて運行されている．

## （2）偶然性の存在
　大井川鐵道の数多くのSL列車戦略の中には，外的要因として偶然性が強く働くことで実施に繋がった側面があることも否定できない．

### 1）ドラマ撮影地への選定
　技術を後世に伝えるための保存であったが，NHKがドラマ撮影のロケ地として目を留め，実際に大井川鐵道で撮影用に本線上を蒸気機関車が走ったことで，視聴者から本線上における動態保存の声が挙がることとなった．つまり，NHKのドラマ撮影という偶然が，その後の大井川鐵道の方針に大きな影響を与えたことは想像に難くない．

### 2）SLの廃止とブームの発生
　1976年に本線上での動態保存が始まったが，ちょうどこの年の3月，「動力近代化計画」の達成に伴い国鉄から全ての蒸気機関車が姿を消した．つまり，蒸気機関車が過去のものとなったタイミングと復活が重な

り，SLブームが全国的に湧き起っていた（水野，2014）.

### 3）国鉄に関する諸問題

　SLブームが起こる中，国鉄はSLやまぐち号の運行を1979年から開始するが財政難であるが故，その他の蒸気機関車の本線上での動態保存は進まなかったことも大井川鐵道が蒸気機関車目的の観光客を引きつけることに成功した要因と考えられる.

　また，動態保存の開始当初は蒸気機関車に関するノウハウを持つ人材が国鉄に多く，その中でスト権スト等の労使問題が発生したことなどから大井川鐵道に転職した者もおり，大井川鐵道における蒸気機関車運行の礎となった（青田，2012）.

### 4）大手私鉄との関係性

　大井川鐵道は経営資源の乏しさから普通列車の車両についても大手私鉄の車両を譲受することで賄っていたが，この過程で京阪電鉄との接点が生まれていた. 京阪電鉄はトーマスのラッピングトレインを運行していたことでSCPとの関係が構築されていたこともあり，これが端緒となり先述した「きかんしゃトーマス」の公式イベントである「Day out with Thomas」の開催に繋がった[13].

## 11-4．考察

### （1）外部アクターとの関係と企業内部の要因

　大井川鐵道のSL乗車をプログラムに組み込んでいる「川根本町エコツーリズムネットワーク」は2008年に設立された（天野，2016）. その時点で蒸気機関車の動態保存が始まって30余年が経っていることから，長期間SL列車の運転を継続できているという点は地域外資源の地域資源化を捉える上で極めて大きな要因と思われる. そこで，大井川鐵道の戦略について外部との関係と企業内部の要因から考察を行う.

## 1) 外部アクター・沿線自治体との関係

大井川鐵道では都市部で走行していた旧型車両も普通列車用として導入している．これにより京阪電鉄との接点が生まれ，「Day out with Thomas」の開催に繋がったことは先述した通りである．つまり，外部資本の存在が蒸気機関車とアニメコンテンツが融合することで新たなSL列車戦略の実施が可能となり，継続的なSL列車の運行に繋がっている．そしてSL列車以外の旧型車両の存在という点においても，先に示した「古き良き時代」の風景を再現することにも重要な役割を担っている．

また，動態保存開始前後における技術的観点からは，蒸気機関車に係る技術を有する国鉄からの転職者がいたこと，それに加え，石川県の尾小屋鉄道の免許保持者に指導を依頼したことが挙げられ[14]，彼らを起点に技術の伝承が行われている．沿線自治体との関係に目を向けてみると，島田市は大井川鐵道に対して転車台を寄贈しており，その効果は先述した通りである．

## 2) 大井川鐵道内部の要因

1) で示したノウハウの蓄積により，蒸気機関車の整備等については基本的に自社内で実施できるため外部に検査業務を委託する必要がないことから，コストカットや鉄道遺産の伝承に繋がる人材育成のみならず地場企業として雇用の確保にも繋がっている．SL列車を運行している真岡鉄道や秩父鉄道は蒸気機関車の検査業務等をJR東日本に委託しているが，真岡鉄道に関しては，全般検査等に要する費用増加が2台あるうちの1台の蒸気機関車を手放す要因の1つとなったことから[15]，自社整備システムは持続的なSL列車の運行に極めて重要なファクターと指摘できる．

アニメコンテンツとのタイアップで行われた蒸気機関車の改装についても，それまでの大井川鐵道で培われてきた技術が可能にしている側面があり，特に「Day out with Thomas」が実施できたのは，複数の蒸気機関車を保有していることに加え，「SLマン」の事例と，C56 44の事例[16]

で蒸気機関車の改装経験があったためだと推察される.

　しかし,継続的にSL列車に係る戦略が実施されてきたが,経営資源が潤沢ではなかったため,投資の対象は限定的にならざるを得なかった.蒸気機関車やその整備に係る人材育成に集中して投資し,その他に関しては基本的に安価な投資で済む方法に頼ることとなった.旧型客車の導入に加え,その他の普通列車用の車両についても都市部を走行していた旧型を譲り受け,駅舎は原形を留めることとなり,結果的に旧型の車両や昔ながらの駅舎は「古き良き時代」の風景を再現する形となった.

　投入可能な資源量が厳しい制約の下で実施された施策(或いは理想的な近代化施策そのものが実施不可能だったこと)が却って日本の鉄道遺産の動態保存に繋がり且つ,コンテンツとのタイアップにも繋がったと言えよう.

## (2) 偶然性の内部化

　SL列車導入初期においては,NHKのドラマ放映,動力近代化計画,国鉄の財政難,スト権ストを嫌厭した国鉄からの転職者がいたこと等が挙げられる.近年では京阪電鉄が仲介役となりSCPとの接点が生まれ「Day out with Thomas」の実施に繋がったことも偶然性の1つと指摘できる.このように,偶然性という外的要因が所々でSL列車戦略を今日まで実施する要因として作用している.そしてこの偶然性をきっかけとした経営資源の蓄積もSL列車戦略に重要な役目を担っている.例えば,「Day out with Thomas」の話があったとしても,トーマス号を走らせることができなければ意味がなかったが,先述したようにSLマンやC56 44の改装経験から得られていたノウハウがあったからこそ,これがトーマス号,ジェームス号への改装に活かされ,イベントの実施に大きく貢献しているものと言えよう.国鉄からの転職者からノウハウが自社内にもたらされ,それを絶やすことなく今日まで続けていることは,偶然性を起点とした経営資源の育成に繋がっていると指摘できる.

　とはいえ,単に多くの偶然性がSL列車戦略を推進したわけではなく,大井川鐵道がそれを上手く活用する素地が整っていたことも重要なファ

クターと考えられ，収益の柱として考えない中で蒸気機関車という産業遺産でもあり鉄道を支えた文化を残そうとする努力と，その中で白井氏が見せたC12導入というこだわりが，SL列車の運行を主力事業とするきっかけとなっていたものと思われる．しかし，元来鉄道は輸送サービスとしての機能を持つ公共交通機関であり，準公共財としても位置付けられていることを踏まえると[17]，公共交通機関に対する産業遺産・文化という着眼点は異質なものとも言える．

　これは，従来の輸送サービスの範囲を超えた視点，換言すれば，公共交通機関の使命として地域輸送のみを行うという考えから脱却した視点から鉄道を捉え，鉄道に関する産業遺産的側面としての価値を認知していたことを意味する．このように既存の事業概念に囚われない視点と偶然性，経営資源が密接に機能したことで次の偶然性を確実に捉え，さらなるSL列車戦略の実施に活かされている．即ち，それら3つの要素が連関することで，偶然性の内部化に成功しているものと考えられる．

### （3）地域外資源の地域資源化

　地域外との交流・知識の導入がSL列車の運行に継続性を生み，現場レベルでの蒸気機関車に係る技術に関しては大井川鐵道の重要な経営資源となっている．動態保存は当初，鉄道遺産の保存という目的であったが，経営戦略の方針を変え，長期間積極的にSL戦略を実施し続け多くの観光客を大井川流域に誘客してきた．経営戦略上での外部資本との連携と自社の人的資源が生み出すSL列車を走らせる技術が有機的に連関してきたことで持続的な観光客の誘客を可能にし，地域外資源である蒸気機関車や転車台の存在，さらには近代化が進まなかった駅舎などの施設や旧型車両が現代における大井川流域の歴史・アイデンティティを形作ってきた．大井川鐵道自体はそれまでに存在していた地域の交通を支える地域資源と位置付けられるため，既存の地域資源に地域外資源を付加し，融合したことで，大井川鐵道は公共交通を担う役割に留まらない，巨大な「鉄道博物館」という地域資源を形成したものと考えられる（図11-3，図11-4）．

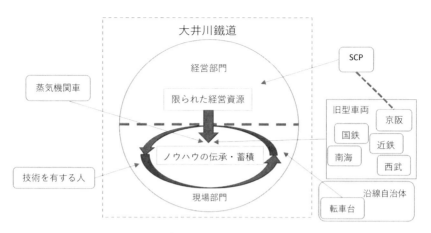

図11-3　大井川鐵道と外部アクターとの関係
著者作成.

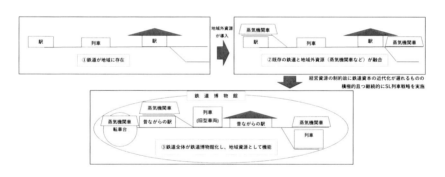

図11-4　地域外資源の地域資源化のプロセス
著者作成.

## （4）大井川鐵道の有する課題

　一方，過度な「博物館化」は本来の公共交通機関としての役割を見失わせる可能性も否定できない．実際に大井川鐵道は普通列車の減便を行っている．2011年策定の「島田市地域公共交通総合連携計画」には「大井川鐵道に対しては，地域公共交通の維持という観点から，鉄道利用促進の広報活動，各種イベントにおける利用促進および交通機関相互の連

携などにより，観光資源としての活用も含め地域振興に結びつく取組を推進します」とあるが，利用促進の具体的な数値目標はコミュニティバスの値しか掲げられておらず，加えて，実施計画に明記されている公共交通関連の事業も大井川鐵道に係るものは見られない[18]．

　2016年にJR島田駅から川根温泉まで大井川を挟んで大井川鐵道とほぼ並走する形で島田市自主運行バスの運行が始まった[19]．上記の点から島田市にとって大井川鐵道は公共交通機関というよりも観光資源としての位置づけが強いものと推察される．同様に，川根本町も「地域公共交通会議」を実施しているが，協議事項の中に大井川鐵道に関する事項はなく，こちらも町営バス・デマンドタクシーが主たる地域公共交通と見なしていることが推察できる[20]．

　つまり，大井川鐵道は内発的観光に重要な枠割を担っている一方で，本来の公共交通機関のあり方としては議論の余地がある．加えて，2017年から大井川鐵道は「エクリプス日高」の完全子会社となったことから，完全な地元資本の企業とは言えなくなった[21]．これらの要因を考慮すると，観光資源としての鉄道に完全に移行するか，地域の輸送を支える公共交通機関としての役割を維持するか，その分岐点に差し掛かっていると言える．

## 11-5．小括

　本章では内発的観光で見られている地域外資源の地域資源化についてのメカニズムを明らかにすることを目的に，大井川鐵道の事例を取り上げ，分析を進めてきた．

　大井川鐵道における蒸気機関車の導入は当初は鉄道遺産の保存という目的で行われたことであったが，人気を博したことでSL列車を経営の柱へと切り替えた．導入された蒸気機関車や転車台等の付帯施設は他地域からのもので地域資源でなかったが，単に動態保存するだけではなく，アニメコンテンツとのコラボレーションなど積極的且つ継続的に観光客の誘客を実施した．SL列車戦略の上では偶然性という要素も極めて大

きいが，既存の概念に囚われない視点と偶然性，経営資源が密接に機能
することで得られたノウハウが次の偶然性を捉えて内部化することに成
功し，新たな戦略を生み出していると指摘できる．また，現場レベルで
は，蒸気機関車を有している他の地域鉄道事業者とは異なり，自社で培
われてきたノウハウを活かし，蒸気機関車の整備を今日に至るまで行っ
ている．

　経営戦略面では地域外企業を，現場レベルでは自社の人的資源をそれ
ぞれ有効活用するという2つの動きが有機的に連関することで，持続的
な観光客の誘客が行われた．既存の地域資源（鉄道インフラ）と地域外
資源（蒸気機関車・付帯施設，アニメコンテンツなど）が融合して新た
な魅力を持つ地域資源となり，大井川鐵道全体が「鉄道博物館」という
地域資源として機能していることを明らかにした．したがって，大井川
鐵道は天野（2016）の示すように大井川流域の内発的観光に重要な役割
を担っているものと考えられる．

　沿線自治体の島田市は転車台を寄贈する等，大井川鐵道を観光資源と
して認識していると考えられる一方で，同市や川根本町は市営・町営バ
スの運行に注力している．それ故，本来の公共交通機関のあり方として
は議論の余地がある．

　従来，地域資源を活用した内発的あるいは外来型による観光開発に関
する研究や，外部の人材との交流を実施し，内発的発展へと繋げた研究
は見られていたが，本章では地域外資源を内発的な観光開発に重要な地
域資源化に繋げた事例を示し，物的な地域外資源が地域資源化する過程
が内発的観光の行われている地域で見られたことを明らかにした．

　本章で明らかにしたように，観光開発における地域外資源の地域資源
化には外部資本との関係性も重要と言える．特に今回のケースでは外部
資本と繋がりが生まれたことで，その外部資本が有しているネットワー
クを活用することができた．つまり，連携している外部資本が仲介役と
なる可能性もあることから，地域外の人材のみならず企業との連携・交
流も有用であることが示唆されている．このように外部資本を「上手く
利用する」ことでも内発的観光に重要な地域資源の形成に繋がるものと

考えられる.

　蒸気機関車導入を戦略の1つとしている鉄道事業者は幾つか存在するが，年月が経つにつれ整備や修繕は今まで以上に厳しいものとなる．東武鉄道のように蒸気機関車を新たな観光資源として導入している事業者もある一方[22]，JR東日本の「SLばんえつ物語」に使用されているC57 180は長期の休止を余儀なくされ，真岡鉄道のC11 325は東武鉄道に譲渡された．このように蒸気機関車は観光開発に現実的に有用だとはいえない側面がある.

　しかし，旧型の電車や気動車等，蒸気機関車以外の鉄道産業遺産は多くある．我が国では都市部をかつて走行していた車両が「第2の人生」を地方圏で送ることは少なくない．年月が経過することで，「産業遺産化」する車両も新たに発生すると思われる．つまり地方圏の鉄道事業者にとってその可能性を持つ車両を「安価で」導入することによって達成される旧型車両が集積した「博物館化」は，鉄道事業者と沿線地域による観光開発を併せ持った地域公共交通の維持を目指す1つのあり方として検討に値するものと思われる[23].

## 注

[1] 文部科学省「地域資源の活用を通じたゆたかなくにづくりについて」http://www.mext.go.jp/b_menu/shingi/gijyutu/gijyutu3/shiryo/__icsFiles/afieldfile/2011/03/28/1303081_11.pdf（2019年2月25日最終アクセス）.

[2] 本節は大井川鐵道HP（http://oigawa-railway.co.jp/history）を参照している（2019年2月25日最終アクセス）.

[3] 過去には国鉄（当時）信越本線の碓氷峠区間でも用いられていた.

[4] 2019年12月時点でデータの取得が可能である2016年度までを対象としている.

[5] 中日新聞「大井川鉄道　電車の本数削減（2014年2月4日）」参照. https://web.archive.org/web/20140219130042/http://www.chunichi.co.jp/article/shizuoka/20140204/CK2014020402000094.html（2019年2月25日最終アクセス）.

[6] 本節の一部は，青田（2012）を参考にしている.

[7] 『鉄道ピクトリアル』2016年6月号，p.18.

[8] 逆機運転とは，片運転台の機関車が逆向きで運転することである.

[9] テンダー式とは石炭と水の積載区画が炭水車と呼ばれる車両と連結している蒸気機関車の型であり，進行方向と逆向きで運転すると見通しが悪くなることから逆機運転が不可能な型もある．同機は比較的小型であったことから逆機が可能な蒸気機関車であった.

10『鉄道ファン』2018年2月号，p.33.

11『運転協会誌』1999年6月号，p.8.

12 http://www.scp.co.jp/biz/release/180313.pdf（2019年2月25日最終アクセス）.

13 東洋経済ONLINE「大井川鉄道「トーマス」とソニーの意外な関係」https://toyokeizai. net/articles/-/131567（2019年2月25日最終アクセス）.

14『運転協会誌』2001年5月号，p.7.

15 下野新聞SOONニュース「真岡鉄道，SL 1台で運行へ　維持費は増，乗客は減で2台困難に」https://www.shimotsuke.co.jp/articles/-/68881（2019年2月25日最終アクセス）.

16 入線時（1980年）にタイ国鉄から日本での現役当時の姿に，その後の修復時（2007年）にタイ国鉄時代の姿へと改装されている.

17 山内・竹内（2002），p.20.

18 島田市「 第2章-5「 上 位 関 連 計 画 」https://www.city.shimada.shizuoka.jp/ fs/1/0/0/0/5/4/_/5zyouikeikaku.pdf（2019年2月25日最終アクセス）.

19 国土交通省中部運輸局「平成29年度　地域公共交通確保維持改善に関する自己評価概要島田市地域公共交通会議」http://wwwtb.mlit.go.jp/chubu/tsukuro/hyoka/pdf/jiko/29/102. pdf（2019年2月25日最終アクセス）.

20 川根本町「平成30年度第1回川根本町地域公共交通会議 会議録」http://www.town. kawanehon.shizuoka.jp/material/files/group/1/h30-tiikikoukyoukotutuukaigi-kaigiroku.pdf（2019年2月25日最終アクセス）.

21 東洋経済ONLINE「トーマス列車」鉄道会社が赤字に陥ったワケ」https://toyokeizai.net/ articles/-/11. 3517（2019年2月25日最終アクセス）.

22 東武鉄道はSL大樹の運行に際し大井川鐵道と連携を図っている.

23 また，島田市・大井川農業協同組合・中日本高速道路株式会社と共同での連携事業として賑わい交流拠点「KADODE OOIGAWA」（2020年11月開業予定）の整備が進んでいることから，新たな内発的観光の動きが見られる可能性がある.

# 第12章

## 観光列車の導入における鉄道事業者と沿線地域の連携機能—京都丹後鉄道「丹後くろまつ・あかまつ・あおまつ」を事例に

### 12-1. 研究目的

　本章の目的は，観光列車の運行に伴い鉄道事業者と沿線地域にどのような連携が見られているかを明らかにすることである．

　沿線地域との連携において持続的な観光列車の導入効果をもたらす理念的なモデルを藤田・榊原（2018）は示しており，沿線地域による経験価値の提供に対して対価を支払う必要性を論じている．沿線地域による観光価値の提供は第9章でも明らかにしているが，先行研究も含め，観光列車導入による効果が持続的なものとなるために行われている鉄道事業者側と沿線地域側との連携についてケーススタディとして事例を詳細に分析した研究は管見の限り存在しない．経営の厳しい鉄道事業者が今後経営を持続するための方向性や，持続的な地域活性化を研究する上で，鉄道事業者と沿線地域の取り組みを明らかにすることは極めて有意義だと考えられる．

　そこで本章では，多くが経営の厳しい環境下にある地域鉄道事業者の中でも3種類の観光列車を運行していることから観光列車戦略に力を入れていると考えられる京都丹後鉄道（WILLER TRAINS株式会社）に着目する．同社とその沿線地域でどのような連携が見られているかをメールインタビュー調査によって明らかにし，観光列車が沿線地域の持続的な観光による活性化にどのような効果をもたらしているか分析を行う．

## （1）京都丹後鉄道について

### 1）同社の概要と設立の経緯

　「京都丹後鉄道」は，2015年4月1日に前身の第3セクターである「北近畿タンゴ鉄道」から鉄道の運行部分を引き継いだ「WILLERグループ」に属している「WILLER TRAINS株式会社」が運行する鉄道である．前身である北近畿タンゴ鉄道では，関西との都市間輸送を実施する特急車両を導入し，JR西日本の福知山線や山陰本線，舞鶴線に乗り入れる形で，京都・新大阪と天橋立・豊岡を結ぶ特急「タンゴエクスプローラー」「タンゴディスカバリー」の運行を行い，JR西日本側の車両の乗り入れや山陰本線の城崎（現：城崎温泉）方面への特急列車の接続を考慮したダイヤとなっている「北近畿ビッグXネットワーク」を形成していた．開業以来，通勤・通学，ビジネスや，観光地と都市部を結ぶネットワークとして重要な役割を担ってきたが，少子高齢化・モータリゼーションの進展，レジャーの多様化，産業の空洞化により，非常に厳しい経営状況が続いてきた（国土交通省，2015）．こうした中，沿線の各自治体は，「北近畿タンゴ鉄道沿線地域公共交通網形成計画」を策定し，「上下分離による鉄道事業再構築事業を実施すること[1]」とした．そして新規事業者を公募し，2014年5月にWILLER ALLIANCE株式会社が選定，同年7月には鉄道の運行を実施するWILLER TRAINS株式会社が設立された．同年12月に，WILLER TRAINS・北近畿タンゴ鉄道・沿線自治体が鉄道事業再構築事業の認定申請を行い，2015年3月に認定された．

　WILLER TRAINSは第一種または第三種鉄道事業者が保有している線路部分を使用して列車の運行事業を行う第二種鉄道事業者で，北近畿タンゴ鉄道は第三種鉄道事業者となりインフラ部分を保有し，WILLER TRAINSに鉄道施設等のインフラ部分を貸し出す仕組みを取っている．そして，WILLER TRAINSは京都丹後鉄道の名称を用いて鉄道事業を実施している．

## ２）各路線の概要

　京都丹後鉄道は宮福線（福知山〜宮津）・宮舞線（宮津〜西舞鶴）・宮豊線（豊岡〜宮津）の３路線を有している．宮舞線と宮豊線については，北近畿タンゴ鉄道時代は宮津線と呼ばれていた区間であり，宮津から西側を宮豊線，東側を宮舞線としている．全線112kmに及ぶ路線長を誇り，兵庫県に属する豊岡駅・コウノトリの郷駅を除いて，京都府北部地域を運行事業エリアとしている．

　宮福線は普通列車や快速列車による地域輸送の他，京都〜天橋立〜豊岡間を運行する特急「はしだて」と，山陰本線特急列車と接続を取る特急「たんごリレー」（福知山〜宮津・網野）の２種類の特急列車が運行している．宮豊線は地域輸送としての普通列車の他，先述した特急「はしだて」と特急「たんごリレー」が運行している．この区間には日本三景の１つである天橋立の最寄り駅である天橋立駅があることから，観光利用も多い区間である．宮舞線は基本的に普通列車のみが運行している．

## 12-2．京都丹後鉄道の観光列車

　京都丹後鉄道は「丹後あかまつ号」「丹後あおまつ号」「丹後くろまつ号」を運行している．丹後あかまつ号・丹後あおまつ号は2013年に導入された観光列車である．丹後あかまつ号は利用する際に乗車券（運賃）の他に乗車整理券が必要となるが，丹後あおまつ号は乗車券のみで利用できる．丹後くろまつ号は2014年から運行が始まり，車内での食事がセットとなって販売されている．したがって，丹後あかまつ号・丹後あおまつ号と比較して価格設定は割高である．

　各列車の運行区間について見て見ると，これまでに若干の運行形態の変化はあるが，2020年11月現在，丹後あかまつ号は西舞鶴〜天橋立間，丹後あおまつ号は西舞鶴〜宮津〜福知山間および福知山〜天橋立間，丹後くろまつ号は天橋立〜福知山間および天橋立〜西舞鶴間がそれぞれ運行区間として設定されている．

　各観光列車の乗車人員および各年度における合計値については図12-

1に記載している通りである．需要に変動をもたらした要因としては，2016年度の丹後くろまつ号は車両故障に伴う運休で約200人の乗車人員減が見られ，2017年度では台風・雪害による運休日が発生，2018年度においては，丹後くろまつ号・丹後あかまつ号では車両点検に伴い1か月半運休となった．

　丹後あおまつ号については2015・2017・2018年度において4万5000人前後の乗車人員を記録し，2016年度においては5万7000人超となっていることから，比較的安定した乗車実績を見せている．丹後くろまつ号についても，丹後あおまつ号に比べて絶対数は少ないものの，気象要因を考慮すれば安定した乗車実績と言える．一方，丹後あかまつ号については1年ごとに増加減少を繰り返すような形が顕著に表れていることが読み取れる．

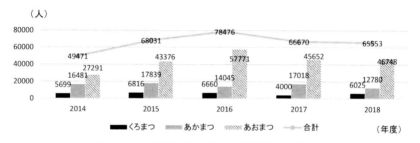

図12-1　京都丹後鉄道の観光列車の乗車人員

京都丹後鉄道へのインタビュー調査回答より著者作成．
「丹後あかまつ号」・「丹後あおまつ号」については2013年に運行を開始したが，初年度については乗車実績結果なしとの回答を得ているため，2014年度以降の数値を示している．

## 12-3．観光列車に関するインタビュー調査

### （1）導入目的

　ここからは京都丹後鉄道に対して実施したインタビュー調査の回答を基に同社の観光列車政策を考察する．初めに，各観光列車についての導入理由・対象となる属性・改造費用は表12-1の通りである．各列車の

導入理由として，沿線地域への誘客という側面が強く意識されていることがわかる．丹後くろまつ号については，車内で食事ができ景色も楽しめる新たな鉄道の楽しみ方を提案しているという点で，当該列車に乗車するだけで観光行動が完結する可能性があるが，沿線地域への観光客誘客が意識されている．

　対象とする観光客の属性にも違いが見られる．丹後くろまつ号は乗車料金が相対的に高額となっていることからも，贅沢に楽しみたいと考えている方や観光列車を楽しみたい方が対象属性となっているが，比較的低コストで利用できる丹後あかまつ号・丹後あおまつ号については，若年層や家族連れを対象としており，気軽さが重視されている．また，丹後あおまつ号については追加料金が不要であるということもあり，地元住民も利用属性の対象となっている．

　また，これらの列車は従来走行していた車両を改造しているため改造費用がかかっているが，そのコストの大半が沿線自治体からの補助金により賄われている．この点からも，観光列車政策において地域への貢献という側面が重要視されていることがわかる．

表12-1　観光列車の導入理由・対象属性・改造費用に関する回答

| 列車名 | 導入理由 | 対象となる属性 | 改造費用 |
|---|---|---|---|
| 丹後くろまつ号 | 「海の京都」景色と共に丹後ならではの食事を提供し，鉄道（観光列車）の新たな楽しみ方を提案するため．<br>ただの移動手段としてではなく，特別な旅の思い出と丹後の食を味わっていただき感動体験を味わっていただき，沿線地域に観光客誘致するため． | 観光客，食事・景色を贅沢に楽しみたい方，観光列車好きの方 | 4,975万円（沿線自治体からの補助金：4,539万円） |
| 丹後あかまつ号 | 京都北部丹後への誘客の起爆剤として導入． | 若年層，熟年層，ファミリー層，インバウンド，絶景を楽しみたい方，気軽に観光列車を体験したい方 | 2,741万円（沿線自治体からの補助金：1,984万円） |
| 丹後あおまつ号 | 京都北部丹後への誘客の起爆剤として導入． | 地元住民，若年層，家族連れ，気軽に観光列車を体験したい方 | 2,705万円（沿線自治体からの補助金：2,042万円） |

京都丹後鉄道へのインタビュー調査回答より作成．

## （2）内包する観光価値

　次に観光列車が利用客に提供している観光価値はどのようなものがあ

るかについて見ていくことにする.

　京都丹後鉄道の観光列車は,肥薩おれんじ鉄道の観光列車「おれんじ食堂」やエアラインのサービスをそれぞれ参考にしており[2],その上で表12-2に挙げたような観光価値が見られている.表12-2より,運行地域の様々な資源によって観光価値が形成されていることがわかる.東雲駅における駅マルシェは停車時間が長いことからイベントの実施を考え,舞鶴市に相談したところ,みずなぎ学園の紹介を受け,同イベントの実施に至ったとのことである.また,車内における沿線地域の工芸品等の車内展示についてだが,一部の展示品については定期的に入れ替えを行っており,いずれも地元の資料館等から展示品を借り受け,入れ替え時には返却しているとのことで,新たな展示品についても資料館から提案された品より選定している[3].

表12-2　観光価値に関する回答

| 観光価値一覧 |
| --- |
| ・車窓 |
| ・地元特産品を使用したコース料理(くろまつ) |
| ・東雲駅で障害者支援施設みずなぎ学園による駅マルシェ(くろまつ) |
| ・駅でのお見送り・お出迎え対応 |
| ・沿線地域の工芸品等の車内展示 |
| ・アテンダントによる車内サービス |

インタビュー調査回答より作成.

## (3)関係を深化させるための取り組み

　京都丹後鉄道の観光列車は沿線地域への観光客の誘客を行うことを目的としているが,それだけではなく,沿線地域と連携した形で乗客に対して観光価値を提供しているということがわかる.「沿線で観光列車に付随するサービスを提供されている沿線地域の方々との関係を深めるために貴社が取り組んでいる点は何か?」という問いに対し,得た回答を表12-3にまとめている.駅マルシェのような駅構内での観光価値の提供が沿線地域の団体によって行われているが,地元の自主性・連携を重視しているという目的から構内使用料は設定されていない.

　他にも,地産品の販売や,地元住民向けの貸切列車の運行,新型車両

の試運転への招待といった地域住民を対象とした取り組みが多く見られる．これらの取り組みからわかるように，観光列車と直接関わらない取り組みも含まれている．しかし，そうした取り組みも沿線地域・地域住民との良好な関係性を築く上で極めて重要と考えられ，ひいては観光列車の魅力向上に寄与するものと思われる．

表12-3　沿線地域の方々との関係を深めるための取り組みに対する回答

| 沿線地域の方々との関係を深めるための取り組みに対する回答 |
| --- |
| ・地元のものを仕入れて販売 |
| ・構内営業料金をもらわず沿線地域の方々との企画・連携を実施（地元の自主性・連携を重視しているため） |
| ・新型車両のお披露目・試走の招待 |
| ・駅のスペースの活用（栗田駅のアクアリウム，丹後由良駅のミニ水族館） |
| ・行政と連携した地元住民向けの丹後くろまつ号貸切列車の運行 |
| ・地元住民と連携した貸切列車企画 |

インタビュー調査回答より作成．

## （4）京都丹後鉄道への効果

　はじめに京都丹後鉄道への効果を定性的に見ていく．この点についても同社へのインタビュー調査を行っており，それをまとめたのが表12-4である．観光列車導入による効果としては「特急利用の増加」「メディア露出，取材の増加」「沿線住民，事業者との連携のさらなる強化」が挙げられていることから，運賃以外の料金が必要な特急列車の利用を通じた収入増や広告塔としての役割，そして沿線の諸アクターとの良好な関係性の維持といった側面が観光列車には備わっているものと言える．しかしながら，観光列車そのものから得られる金銭面での効果は薄いことがわかる．それは回答にあるように観光列車のサービス品質の維持を考慮しているからで，実際に丹後あかまつ号に関しては景色が見られない座席の販売を停止し，導入当初は35席であったが現在は33席の販売としている[4]．この点からもサービス品質に重きが置かれていることがわかり，短期的な収入をある程度犠牲にはしているものの，高い水準で観光列車の品質を維持することで，持続的に観光列車の魅力を備えることを重要視しているものと思われる．

　本章執筆時点で公表されている2016年度までの「鉄道統計年報」より，

観光列車導入後の定期外利用における運輸収入は，全体および1人当たりともに大きな増加は見られていないが，それまで減少傾向を踏まえると，観光列車がそれに歯止めをかけているともいえる．鉄道統計年報およびインタビュー調査より，2014年度から2016年度では定期外輸送人員に占める観光列車利用者数の比率は2.7%，3.6%，4.3%と上昇していることから，全体に対する比率は小さいものの，観光列車の定期外輸送における役割が高まりつつあることが示唆されている．また，運輸雑収については直近の2016年度を除いて前年度比で増加を見せていることから，グッズ販売といった面も観光列車の効果として示唆される．

表12-4　観光列車によって京都丹後鉄道にもたらされた効果に対する回答

| 観光列車によって京都丹後鉄道にもたらされた効果に対する回答 |
| --- |
| ・特急利用の増加 |
| ・メディア露出，取材の増加 |
| ・沿線住民，事業者との連携のさらなる強化（丹後くろまつ号での食事提供や車内サービス） |
| ・観光列車による収入の全体収入に占める割合は数パーセント（サービス品質維持のため定員が制限） |

インタビュー調査回答より作成．

## （5）沿線自治体への効果

　次に京都府・兵庫県の観光統計より観光入込客数および観光消費額について見ていこう[5]．当該市町村は，舞鶴市・福知山市・宮津市・与謝野町・京丹後市・豊岡市である．

　3つの観光列車が出揃った2014年で，前年度比で観光客入込客数が増加している沿線自治体は舞鶴市・豊岡市の2市しかなく，その他の自治体では前年度比で観光入込客数が低下している．しかし，同年の観光消費額の前年度比を見ると，データの無い豊岡市を除き全ての自治体でプラスとなっている．同年には舞鶴若狭自動車道の開通や海フェスタ京都の開催などが見られることから，単純に観光列車の効果と結論付けることはできないが，観光列車が導入され始めた2013～2014年頃を境に，それまで沿線自治体の観光消費額が全体的に減少傾向であったのが，その程度が緩やかに，或いは上昇に転じている（図12-2）．与謝野町では2015年から観光消費額が減少しているが，同時に観光入込客数も大幅に

減少していることもあり，1人当たりの観光消費額は増加を示している[6].

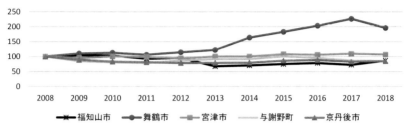

**図12-2　観光消費額の推移**

出所：京都府「観光入込客数及び観光消費額について」より著者作成．

## 12-4．考察

### （1）沿線への外部効果

　京都丹後鉄道において，観光列車は観光による地域活性化を達成するために重要な沿線地域への観光客の送客手段として機能しているのみならず，沿線地域と連携した駅マルシェなどの様々な取り組みにより観光列車の魅力が生まれている．そして，単に沿線地域と連携した観光列車を運行させているだけではなく，それが持続するように沿線地域・地域住民と良好な関係性を築くための取り組みが多く見られている．

　藤田・榊原（2018）では観光列車の効果が持続性の持つものとするために，沿線地域からの経験価値の提供への対価を鉄道事業者は支払うべきと論じられているが，直接的な金銭的なものではないにせよ，京都丹後鉄道の事例においては，地産品の仕入れで地域経済への還元や沿線地域住民向けの丹後くろまつ号貸切列車の運行，新型車両の試走への招待といった形で沿線地域の諸アクターと関係性を深化させ，持続的な効果に繋げているものと考えられる．観光列車の魅力を高めて沿線地域への誘客力を向上させる方策として，沿線地域との連携により構成される観光価値を内包することは先行研究より指摘されていたことだが，その効果の持続性という観点を踏まえると，沿線地域と良好な関係を維持・深

化させる取り組みについても，極めて重要な要素になっていると指摘できる.

　この枠組みを経済学的な概念で捉えると，鉄道事業者による沿線地域への観光客の送客は，外部経済が見られている状態だと指摘できる．そして，沿線地域の諸アクターの協力の下，車内展示品の充実や駅マルシェなどが行われているが，これらが観光列車の価値を高めている要素と考えると，これも同様に外部経済が成立している状況である．新型車両の試走の招待や沿線地域住民専用の貸切列車の運行といった取り組みも併せ，最適な資源配分が持続的に達成されるメカニズムが形成されているものと考えられる（図12-3）.

　同社の観光列車はサービス品質の維持の観点から車内定員が少なく観光列車が地域経済に対して極めて大きな経済的効果をもたらすことは難しいが，様々な取り組みから起爆剤的な効果よりも持続的な効果をもたらすものと思われる．この点から，持続的な地域経済の活性化を実施する上で，観光列車は重要な役割を担っていることが示唆されている.

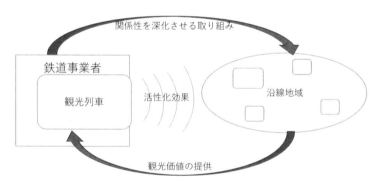

**図12-3　観光列車がもたらす持続的効果のモデル**
著者作成.

## （2）ソーシャル・キャピタル論による解釈

　本研究では鉄道事業者が実施している沿線地域との連携の取り組みを中心に分析を進めてきたが，観光列車の観光価値を提供している沿線地域の諸アクターが個々に得ている効果もある．これには経済的な効果の他に，例えばソーシャル・キャピタルのような社会的効果もありうる[7]．ソーシャル・キャピタル（社会関係性資本）とは，「協調的行動を容易にすることにより社会の効率を改善しうる信頼，規範，ネットワークのような社会的組織の特徴」（パットナム1993，1995）のことである．京都丹後鉄道では，現場のインタビュー分析からも，上下分離を契機として，地域の行政と地域住民一体となったソーシャル・キャピタル（社会関係性資本）醸成の効果があると考えられる．

# 12-5．小括

　京都丹後鉄道の観光列車では，地元特産品を使用したコース料理の提供，障害者支援施設による駅マルシェ，資料館保有の沿線地域の工芸品等の車内展示といった観光価値の提供が実施されており，沿線地域の諸アクターとの連携が強く見られている．連携の強化に寄与する取り組みとしては，駅マルシェにおいては駅構内の使用料を設定していないことに加え，地産品の販売や，地元住民向けの貸切列車の運行，新型車両の試運転への招待といった観光列車と直接関わらないものも行われている．こうした取り組みも沿線地域・地域住民との良好な関係性を築く上で極めて重要であると考えられ，ひいては観光列車の魅力向上に寄与するものと思われる．観光列車の導入は起爆剤的に大きな効果を京都丹後鉄道・沿線地域双方にもたらしたとは言えないが，サービス品質維持のために定員数が少ないことを踏まえると，そもそも観光列車は大きな効果をもたらすことよりも，程度が小さくとも持続的な効果をもたらすものと考えられ，持続的な活性化という観点で地域経済にとって重要な役割を担っていることが示唆されている．

　本章の研究では，観光列車の運行に伴う鉄道事業者と沿線地域の連携

や関係性を深化させるための取り組みを示し，観光列車が地域経済の持続的な活性化に繋がる重要な役割を有していることを明らかにした．特に鉄道事業者はこれまで外部経済を内部化する取り組みを行っており，観光列車事業においても外部経済の内部化の選択肢を採らなければならないと指摘する論考も見られている（湧口，2018）．そうした中で，内部化の選択肢を採らずとも，外部経済への対応が成立しているケースを示し，それが持続的に成立するメカニズムを明らかにした点は本研究の貢献と言える．

観光列車政策においては沿線地域の活性化が目的の1つとなっていることが多いが，観光列車を導入することを政策目標に設定するのではなく，導入後にどのような形で沿線地域と継続的に良好な関係を結び続けていくかという点も極めて重要な政策目標と言え，本事例においてはそのために観光列車の運行とは直接的には関係のない取り組みも見られた．したがって，鉄道事業者は地域企業の一員としてあらゆる形で沿線地域の諸アクターと関係性を深化させることが求められ，ひいてはそれが沿線地域の活性化に繋がるものと考えられる．

## 注

[1] http://www.pref.kyoto.jp/ktr/　参照（2020年11月22日最終アクセス）．
[2] インタビュー調査の回答より．
[3] インタビュー調査の回答より．
[4] インタビュー調査の回答より．
[5] 兵庫県は市ごとの観光消費額が算出されていないため，沿線自治体では豊岡市のみ観光込客数から効果を分析することにする．
[6] 与謝野町における1人当たり観光消費額は2011年度を除き前年度比でプラスを示している．
[7] 鉄道とソーシャル・キャピタルの関係性を明らかにした研究として宇都宮（2015）が挙げられる．

# 第13章

# 総括

## 13-1. 各章の結果

　「はじめに」では本研究の目的および構成について述べ，第1章では，日本の鉄道需要について概観し，地方鉄道問題と政策をより詳しく検討した後，第2章で先行研究をレビューし，先行研究における課題を示し本研究の位置づけを示した．第3章では，「定期・定期外」の視点で需要関数分析を行い，通勤・通学の定期需要には今後期待できず，一方で定期外需要には増収の可能性がある等，定住人口でない，交流定期外の乗客＝観光に期待できることを示した．

　その上で，観光列車に関する分析を進めた．第4章では，観光資源としての鉄道「観光列車」の展開を示し，観光列車の定義，観光列車の性質に関する検討を，交通経済学の視点，内発的発展論の視点等から行った．第5章では，観光列車導入に係るコスト面の分析を行った．JR四国の「伊予灘ものがたり」では，年間通しての運行が行われ始めた2年目の2015年度からは黒字となり，同列車の導入は運行事業者であるJR四国に対してプラスの効果をもたらしているものと言える．また，JR九州の事例では観光列車の導入が営業係数の改善に寄与していることが定量的に示唆されている．その上で，観光列車導入に関する諸制度について検討した．

　第6章では，JR東日本の観光列車およびJR四国「伊予灘ものがたり」の運行路線に関するデータを用いて観光列車の導入効果について計量分析し，観光列車が導入されることにより，端点駅には，乗降客数増加の大きな効果があることが明らかとなった（端点駅効果）．しかしながら，「観光列車導入によりすべての中間駅には効果がある」との仮説は採用されなかった．

第7章では，①山形県村山・置賜地域（「とれいゆ　つばさ」），②新潟県小千谷市・長岡市（「越乃Shu*kura」），③岩手県遠野市（「SL銀河」），④愛媛県大洲市（「伊予灘ものがたり」）の４事例について地域の観光資源を詳細に分析し，資源のアーカイブ化を行った．その上で，観光列車のコンセプトと沿線観光資源の属性の一致が観光列車に寄与していることを示した．第8章では，観光列車の導入効果に寄与する観光資源の属性の把握を試みた．観光資源数の多寡については観光列車導入効果に有意な結果を示さなかった一方で，補完財的観光資源を有している地域に属している駅においては，観光列車の導入効果が示唆された．したがって，観光列車の導入による観光を通じた地域活性化を図るためには，観光資源とむやみに観光資源を開発するのではなく，観光列車と補完財関係にあるような観光資源を中心に開発することが重要であると思われる．

第9章では，観光列車としては成功例とみられる「伊予灘ものがたり」を事例に研究を行った．沿線全体で統一コンセプトをつくり，統辞論的構造をもち，「複数の物語が統合されたマーケティング」となっており，これは補完財の集合であることから，補完財モデルをさらに高度化したものと考えられ，その成功のカギとなっていると推定される．

第10章では，観光列車料金に着目しヘドニック・アプローチを用いることで，観光資源である鉄道輸送サービスの高付加価値化の定量化を試み，車内の居住空間の快適性の向上やビュッフェ・カウンターといった車内販売に関する設備の設置，SL属性やグッドデザイン賞属性が観光列車アメニティとして高付加価値化に寄与していると考えられ，観光列車による鉄道輸送サービスの高付加価値化が達成されていることが定量的に示唆された．

第11章では，大井川鐵道を事例に分析し，①イニシアティブは地元企業，②観光資源自身が外部由来，という２つの点で，新しい内発的発展論の好例であり，しかも観光列車としては持続的な運用ができていることを示した．

第12章「観光列車の導入における鉄道事業者と沿線地域の連携機能」

では，京都丹後鉄道「丹後くろまつ・あかまつ・あおまつ」を事例に，インタビューデータを分析した．京都丹後鉄道において，観光列車は沿線地域への観光客の送客手段として機能しているのみならず，沿線地域と連携した駅マルシェなどの様々な取り組みにより観光列車の魅力が生まれている．そして，単に沿線地域と連携した観光列車を運行させているだけではなく，それが持続するように沿線地域・地域住民と良好な関係性を築くための取り組みが多く見られている．こうした沿線地域の諸アクターと関係性を深化させる取り組みが持続的な効果に繋がり，且つ，ソーシャル・キャピタル醸成の効果があると考えられる．

## 13-2．鉄道事業者・沿線地域に効果をもたらす観光列車モデル

　本稿では鉄道事業者と沿線地域双方に利益をもたらすモデルの構築を目的として研究を進めてきた．観光列車効果を地域の視点で明らかにした分析結果に着目すると，観光列車効果の発現には，観光列車のテーマ・コンセプトと当該地域の観光資源属性の一致という共通項が見られた．つまり，この点が観光列車効果を発現させるための要因の1つとして指摘できる．即ち，沿線の観光資源と観光列車のテーマの一致という点だけではなく，運行する路線に点在している観光資源を，観光列車のテーマに沿った形で統合しているということである．

　次に，鉄道事業者の視点では，観光列車車内の快適性向上やSLの導入，高いデザイン性が観光列車アメニティとして機能しており，観光列車の価値を高める要素であることが本研究より明らかとなった．こうした価値属性を観光列車が有するためには，鉄道事業者単体だけではなく，沿線地域の様々なアクターも参画した取り組みが重要になると考えられる．

　また，観光列車の効果を持続させるためには沿線地域との関係性を深化させることは重要だと考えられることから，沿線地域との良好な関係性を維持することも含めた取り組みの実施により，観光列車の効果は持

続性を有するものと思われる．観光列車効果が持続することはそれだけ長期間運行が続いていることを意味することから，新たに導入した観光列車が沿線地域の様々な観光資源と結びつき，新たな地域資源と認識されることにもつながるものと考えられる．

　先述したように，観光列車と沿線観光資源とのテーマ性の一致や，まち歩きに関する要素の充実といった側面から観光列車の効果は生まれることが示唆されている．これに加えて，車両そのものに高いデザイン性などのアメニティを付加することに利用者は価値を見出しているものと思われることから，これによって観光目的の利用客への訴求力が高まり，鉄道事業者に対しても需要創出の効果が生じるものと考えられる．

　したがって，鉄道事業者の観点からは，高付加価値化に寄与する観光列車アメニティを有し，観光列車のテーマやコンセプトを沿線観光資源の属性と一致させることにより，鉄道事業者および沿線地域に効果をもたらすものとなる．沿線地域の観点からは，まち歩きや鉄道旅行と親和性の高い酒類に関する観光資源や施設を充実させることで，観光列車の効果を享受することになる．さらに，鉄道事業者と沿線地域は双方が独立した形で観光列車の導入や観光政策に取り組むのではなく，互いに連携することが肝要となる．沿線地域の諸アクターが提供する観光価値を観光列車が取り入れる場合は，持続性を保つためにも観光列車とは直接かかわりのない取り組みも含めて，沿線地域との良好な関係を構築する様々な取り組みを実施する必要がある．これらの要因が機能した時，観光列車は鉄道事業者・沿線地域双方に効果をもたらすものと考えられる．

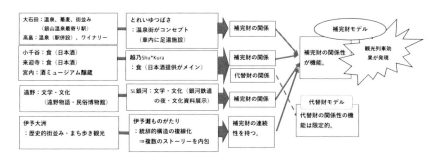

図13-1　地域に対する効果を有する観光列車のモデル化
著者作成.

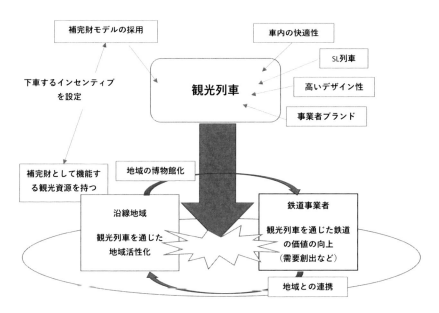

図13-2　観光列車が鉄道事業者と沿線地域に効果をもたらすメカニズム
著者作成.

# おわりに―本研究のインプリケーションと今後の課題

## （1）本研究のインプリケーション

　本研究では，経営の厳しい地方鉄道ならびにその沿線地域の活性化に寄与する観光列車モデルの構築を行った．先行研究では，地方鉄道の現状を押さえた上で支援制度を研究したものや，地方鉄道における価値を測定した研究が見られていた．しかし，先行研究において，経済学的立場から行われていた地方鉄道の研究は地域輸送の役割に重点を置いており，観光輸送の役割からは研究が進んでいなかった．そこで本研究では，観光の視点を取り入れることで観光列車に着目し，経済学的な立場から地方鉄道ならびに沿線地域の活性化について研究を行い，これまでに明らかにしたように，観光列車が鉄道事業者・沿線地域双方に対して効果をもたらすものであることが明らかとなった．

　本研究のモデルより，鉄道事業者側は，自社並びに沿線地域に効果をもたらす観光列車の導入に際して，沿線地域の観光資源の特性を把握する必要があると言える．また，種々の観光資源を，テーマ性を持って統合する形で観光列車を造成する場合，鉄道事業者は導入する観光列車がどのようなテーマを有しているかを沿線地域側に対して明確に伝える必要が出てくる．つまり，単に観光列車を導入するのではなく，導入前から常に沿線地域の観光資源に目を向けておくこと，および沿線地域の住民や様々な組織・団体等とネットワークを有しておくことが重要と言えよう．

　一方で，沿線地域側はまち歩きに関する観光資源・施設の充実が観光列車効果に結び付いていることが示唆されていることから，観光資源の開発の実施等を通じてまち歩きなどの観光の取り組みを実施するべきだと言えよう．こうした取り組みは観光列車の導入が行われなくとも，地域の観光の魅力を高めるものである．むしろ，観光列車の導入が決定後に取り組み始めると，観光列車のテーマ・コンセプトから外れ，観光列車効果を十分に享受できないことが考えられるため，この効果がもたら

されるようにするために，観光列車の導入が行われる前に実施しておくことが肝要だと考えられる．

## （2）今後の課題
　今後の課題として，①観光列車アメニティ（価値属性）の精緻化，②地域活性化効果のさらなる捕捉，③鉄道事業者への具体的な経営改善効果の分析の3点が挙げられる．

　①について，本研究ではヘドニック・アプローチの概念から価格関数を推計し分析を進めてきたが，利用者の属性によって利用者各々が観光列車に見出している価値属性やその大きさには差異があるものと思われる．実際に本研究内で言及したように，鉄道事業者は観光列車を導入するに際し，設定しているターゲット層が異なっている．現地調査・アンケート調査を実施することで，観光列車アメニティの定量化の精緻化を図りたい．

　②について，本研究では駅の定期外乗車人員数のデータや駅の所在する地域に対するインタビュー調査等から地域に対する観光列車効果を明らかにし，また，「伊予灘ものがたり」の事例では経済波及効果についても推計し，地域経済への効果を定量的に示した．しかし，この他にも，観光列車での物販を通じたよりミクロに捉えた地域経済への効果や，観光列車における観光価値の提供を通じた沿線地域住民の意識変化といった観光列車による効果が考えられるが，こうした効果については本研究では明らかとならなかった．このような観光列車がもたらしていると考えられる様々な効果を明らかにすることで，観光列車の特長をさらに把握でき，より有用な観光列車政策につなげていくことができるものと思われる．

　③について，本研究において鉄道事業者の観点では，観光列車が需要創出に繋がっていることや観光列車アメニティが高付加価値化に寄与していることが明らかとなったが，具体的に観光列車を運行している鉄道事業者にどれほどの経営改善効果をもたらしたかまでは限定的な分析となった．しかし，観光列車の導入は沿線地域への効果という外部性を持

つものである以上，鉄道事業者の収益だけを切り取って観光列車の成否を論じることは適さない．しかし，観光列車政策をより効果的なものとするには，観光列車の様々な属性と鉄道事業者の経営改善効果の関係性を明らかにする必要があると考える．

# 【参考文献一覧】

青木卓志（2013）「地域のインバウンド政策分野における経済効果分析」，『地域学研究』，第43巻，第４号，pp.527-541.

青木亮・須田昌弥・早川伸二（2006）「需要面から見た第３セクター鉄道と地方民鉄の分析」，『交通学研究』，第49号，pp.161-170.

青田孝（2012）『蒸気機関車の動態保存』，交通新聞社新書.

浅野哲・中村二朗（2014）『計量経済学[第２版]』，有斐閣.

アジア太平洋観光交流センター観光まちづくり研究会（2000）『観光まちづくりガイドブック: 地域づくりの新しい考え方：「観光まちづくり」実践のために』，アジア太平洋観光交流センター.

阿部正喜（2016）「博物館と観光」中村浩・青木豊編『観光資源としての博物館』，pp.160-169，芙蓉書房出版.

天野景太（2016）「広域観光と観光まちづくり」，安福恵美子編『「観光まちづくり」再考：内発的観光の展開へ向けて』，pp.92-106，古今書院.

有馬義治（2012）「観光特急」「観光列車」で列車の旅の魅力アップ」，『公益財団法人日本交通公社コラム』vol.175，https://www.jtb.or.jp/column-photo/column-sightseeing-train-arima/（2020年５月８日最終アクセス）

石川順章（2013）「鉄道会社における事業多角化に関する研究：減損会計を中心として」，『現代社会研究』，第14巻，pp.127-133.

和泉大樹（2016）「地域の振興と博物館」，中村浩・青木豊編『観光資源としての博物館』，pp.168-178，芙蓉書房出版.

板谷和也（2014）「鉄道存廃に関わる経営指標と地域評価」，地域政策研究プロジェクト編『鉄道と地域発展』，pp.127-153，勁草書房.

一般社団法人日本民営鉄道協会（2019）「大手民鉄16社　平成31（2019）年３月期決算概況および鉄軌道事業旅客輸送実績」https://www.mintetsu.or.jp/association/news/News1.pdf（2020年11月20日最終アクセス）

伊藤寿朗（1993）『市民のなかの博物館』吉川弘文館.

糸賀黎（1990）「持続性概念による自然保護の理論的実証的研究」,『筑波大学農林社会経済研究』, No.8, pp.163-275.

今村奈良臣（1995）「地域資源を創造する」, 今村奈良臣・向井清史・千賀裕太郎・佐藤常雄『地域資源の保全と創造』, pp.12-62, 農山漁村文化協会.

岩手県（各年度）「岩手県観光統計」https://iwatetabi.jp/association/statistics.php（2020年7月2日最終アクセス）

植野浩三（2012）「第1章　博物館学概論　博物館の種類」全国大学博物館学講座協議会西日本部会編『新時代の博物館学』, pp.21-23, 芙蓉書房出版.

上田卓爾（2017）「回遊列車」の誕生について：「観光列車」のルーツを探る」,『大阪観光大学紀要』, 第17号, pp.67-76.

魚住弘久（2016）「熊本地震と南阿蘇鉄道―自然災害からの交通インフラ復旧の視点と論点」,『熊本法学』, 第138号, pp.75-124.

宇都宮浄人（2013）「地方圏の乗合バス需要に関する実証分析」,『交通学研究』, 第56号, pp.91-98.

宇都宮浄人（2016）「地域公共交通とソーシャル・キャピタルの関連性」,『交通学研究』, 59号, pp.77-84.

宇都宮浄人（2017）「地域鉄道の価値―CVM によるアプローチ」,『交通学研究』, 60号, pp.14-22.

運輸省鉄道局監督局（各年）『民鉄統計年報』, 政府資料等普及調査会.

運輸政策審議会鉄道部会（1998）「旅客鉄道分野における需給調整規制廃止に向けて必要となる環境整備方策等について～運輸政策審議会鉄道部会答申～」http://www.mlit.go.jp/singikai/unyusingikai/unseisin/unseisin165.html（2020年4月29日最終アクセス）

衛藤卓也・大井尚司・後藤孝夫編（2018）『交通政策入門（第2版）』, 同文社出版.

江原岳志（2001）「鉄道に関する博物館の史的変遷と鉄道資料の展示・保存に関する研究（前編）」, 第26輯, pp.58-86.

江原岳志（2002）「鉄道に関する博物館の史的変遷と鉄道資料の展示・保存に関する研究（後編）」，第27輯，pp.168-193.

愛媛県（2018）「平成23（2011）年愛媛県105部門産業連関表」最終アクセス2018年2月3日，
http://www.pref.ehime.jp/toukeibox/datapage/sanren/documents/h23-105bumon.xlsx

愛媛県（2017）「平成28（2016）年観光客数とその消費額」最終アクセス2018年9月14日，
https://www.pref.ehime.jp/h30200/kankoutoukei/documents/h28kankoutoukei.pdf

愛媛県（2017）「四国8の字ネットワーク等概要図」最終アクセス2018年9月14日，
http://www.pref.ehime.jp/h40400/5744/sikokuhighway/documents/hachinoji290401.pdf

愛媛県（各年）「観光地区別観光客数」最終アクセス2018年1月17日，
http://www.pref.ehime.jp/toukeidb/toukeidb.kensaku.top

NPO法人観光力推進ネットワーク・関西，日本観光研究学会関西支部編（2016）『地域創造のための観光マネジメント講座』，学芸出版社.

尾家建生（2008）「地域はなぜ観光へ向かうのか」，尾家建生・金井萬造編『これでわかる！着地型観光　地域が主役のツーリズム』，pp.7-14，学芸出版社.

老川慶喜（2017）『鉄道と観光の近現代史』，河出書房新社.

太井尚司（2007）「第三セクター地方鉄道の費用構造に関する計量分析」，『交通学研究』，第50号，pp.98-108.

大井川鐵道ホームページ，http://oigawa-railway.co.jp/（2019年2月25日最終アクセス）

大洲市役所（2014）「広報大洲2014年8月号」最終アクセス2018年9月14日，http://www.city.ozu.ehime.jp/uploaded/attachment/12269.pdf

太田誠（1980）『品質と価格』，創文社.

大塚良治（2016）「道南・青森エリアの観光振興に向けた北海道新幹線

の利用促進と活用に係る課題」，『湘北紀要』，37号，pp.95-113.

大森洋子・西山徳明．（2000）「歴史的町並みを観光資源とする地域にお
　けるまちづくりに関する研究」，『都市計画論文集』，第35号，pp.810-
　816.

岡田知弘（2007）「日本の農山村地域経済」，中村剛治郎編『基本ケース
　で学ぶ地域経済学』，pp.201-218，有斐閣ブックス．

奥田隆明（2019）「周遊を考慮した観光消費モデルの開発〜高速鉄道投
　資と外国人観光消費〜」，『土木学会論文集Ｄ３（土木計画学)』，第75
　巻，第５号，pp.83-91.

奥原哲志（2017）「博物館学の観点から見た鉄道博物館」，『運輸と経済』，
　第77巻，第１号，pp.36-46.

小田切徳美（2012）「イギリス農村研究のわが国農村への示唆」，安藤光
　義・フィリップ・ロウ編『英国農村における新たな知の地平—Centre
　for Rural Economyの軌跡—』，農林統計出版，pp.321-336.

落合知子（2016）「地域の拠点機能に求められる道の駅のあり方—道の
　駅博物館の地域に果たす役割と課題—」，『長崎国際大学論叢』，第16巻，
　pp.41-49.

垣内恵美子・林岳（2005）「滋賀県長浜市黒壁スクエアにおける観光消
　費の経済波及効果と政策的インプリケーション」，『都市計画論文集』，
　第40号，pp.30-39.

香月義之（2018）「観光地の魅力向上の要因分析」，『同志社政策科学研究』，
　第20巻，第１号，pp.75-88.

加藤有次（2000a）「博物館学総論」，加藤有次・鷹野光行・西源二郎・
　山田英徳・米田耕司編『新版 博物館学講座 第１巻 博物館学概論』，
　pp.3-26，雄山閣出版．

加藤有次（2000b）「博物館機能論」，加藤有次・鷹野光行・西源二郎・
　山田英徳・米田耕司『新版 博物館学講座 第４巻 博物館機能論』，
　pp.3-24，雄山閣出版．

加藤有次（2000c）「博物館機能各論」，加藤有次・鷹野光行・西源二郎・
　山田英徳・米田耕司『新版 博物館学講座 第４巻 博物館機能論』，

pp.25-76, 雄山閣出版.

金井萬造（2008）「着地型観光と地域資源の活用」, 尾家建生・金井萬造編『これで分かる！着地型観光—地域が主役のツーリズム』, pp.16-35, 学芸出版社.

金山喜昭（2003）『博物館学入門—地域博物館学の提唱—』慶友社.

金子雄一郎・福田敦・香田淳一・千脇康信（2004）「首都圏における鉄道旅客需要の運賃弾力性の計測」,『土木計画学研究・論文集』, vol.21, no.1, http://library.jsce.or.jp/jsce/open/00041/2004/21-0175.pdf（2018年10月15日最終アクセス）.

鎌田裕美・山内弘隆（2006）「観光需要に影響を及ぼす要因について」,『国際交通安全学会誌』, Vol.31, No.3, pp.6-14.

鎌田裕美・山内弘隆（2011）「鉄道事業の多角化戦略に関する分析」,『交通学研究』, 第54号, pp.95-104.

川根本町「平成30年（2018）度第1回川根本町地域公共交通会議 会議録」http://www.town.kawanehon.shizuoka.jp/material/files/group/1/h30-tiikikoukyoukotutuukaigi-kaigiroku.pdf（2019年2月25日最終アクセス）

神取道宏（2014）『ミクロ経済学の力』, 日本評論社.

北川宗忠編（2001）『観光事業論』, ミネルヴァ書房.

北村行伸（2005）『パネルデータ分析』, 岩波書店.

桑畠健也・糸賀黎（2001）「まちづくり型観光地」形成による農山村地域振興—山形県西川町を事例として—」,『農村計画学会誌』, Vol.20, No.2, pp.91-102.

桑本咲子（2013）「ディスカバー・ジャパンをめぐって: 交錯する意思から生まれる多面性」,『日本学報』, 第32巻, pp.131-145.

黒崎文雄（2009）「鉄道の上下分離に関する分析」,『交通学研究』, 2009年研究年報, pp.65-74.

黒崎文雄（2015）「鉄道の上下分離方式の日英比較」,『福岡大學商學論叢』, 第60巻, 第1・2号, pp.57-83.

厚生労働省「通勤手当に関する資料（追加）」https://www.mhlw.go.jp/

stf/shingi/2r9852000002lx3a-att/2r9852000002lx78.pdf（2018年10月15日最終アクセス）

国土交通省（2016，2017）「自動車燃料消費量調査」（2019年9月22日最終アクセス）.

国土交通省（2017）「鉄道事業再構築（上下分離）の取組について〜 北近畿タンゴ鉄道（KTR）から京都丹後鉄道（丹鉄）へ〜」，https://wwwtb.mlit.go.jp/hokkaido/bunyabetsu/tiikikoukyoukoutsuu/67shinpojiumu/290607/05kyoutohu.pdf（2020年11月22日最終アクセス）

国土交通省（2019a）「地域鉄道の現状」http://www.mlit.go.jp/common/001259400.pdf（2020年7月2日最終アクセス）

国土交通省（2019b）「自動車輸送統計調査」，https://www.e-stat.go.jp/stat-search/files?page=1&layout=datalist&toukei=00600330&kikan=00600&tstat=000001078083&cycle=8&result_page=1&tclass1val=0（2019年9月22日最終アクセス）

国土交通省（2020）「鉄軌道事業者一覧」https://www.mlit.go.jp/common/001352485.pdf（2020年11月2日最終アクセス）

国土交通省「地域鉄道の現状」http://www.mlit.go.jp/common/001209591.pdf（2018年10月15日最終アクセス）

国土交通省観光庁（2017）「旅行観光産業の経済効果に関する調査研究（2015年版）」，http://www.mlit.go.jp/common/001222176.pdf（2018年9月14日最終アクセス）

国土交通省観光庁（2018）「平成28（2016）年 共通基準による観光入込客統計」，http://www.mlit.go.jp/common/001251476.xls（2018年2月1日最終アクセス）

国土交通省中部運輸局「平成29（2017）年度 地域公共交通確保維持改善に関する自己評価概要 島田市地域公共交通会議」http://wwwtb.mlit.go.jp/chubu/tsukuro/hyoka/pdf/jiko/29/102.pdf（2019年2月25日最終アクセス）

国土交通省鉄道局（各年）『鉄道統計年報』，電気車研究会.

国土交通省鉄道局（2015）『数字でみる鉄道2015』，運輸政策機構.

国土交通省鉄道局（2019）『数字でみる鉄道2019』，運輸総合研究所.

厚生労働省「通勤手当について」，https://www.mhlw.go.jp/stf/ shingi/2r98520000020thx-att/2r98520000020tm6.pdf（2020年7月2日 最終アクセス）

小島克巳（2017）「観光政策の変遷と観光交通ビジネス」，塩見英治・堀 雅通・島川崇・小島克巳『観光交通ビジネス』，成山堂書店，pp.30- 43.

古平浩（2014）『ローカル・ガバナンスと社会的企業－新たな地方鉄道 経営』，追手門学院大学出版会.

小長谷一之（2005）『都市経済再生のまちづくり』，古今書院.

小長谷一之（2012a）「第1の視点：地域活性化とソーシャル・キャピタ ル」小長谷一之・福山直寿・五嶋俊彦・本松豊太『地域活性化戦略』 pp.7-14，晃洋書房.

小長谷一之（2012b）「第2の視点：地域活性化と差別化」小長谷一之・ 福山直寿・五嶋俊彦・本松豊太『地域活性化戦略』pp.14-21，晃洋書房.

小長谷一之（2012c）「地域活性化と観光」小長谷一之・福山直寿・五嶋 俊彦・本松豊太『地域活性化戦略』pp.30-41，晃洋書房.

小長谷一之（2012d）「地域活性化と内発的外需開拓型モデル」小長谷 一之・福山直寿・五嶋俊彦・本松豊太『地域活性化戦略』pp.47-50， 晃洋書房.

小長谷一之・前川知史編（2012）『経済効果入門—地域活性化・企画立案・ 政策評価のツール』日本評論社.

小長谷一之・福山直寿・五嶋俊彦・本松豊太（2012）『地域活性化戦略』， 晃洋書房.

小長谷一之「地域創造型観光のマネジメント—成功事例からみる7つの 原則」（2016）『地域創造のための観光マネジメント講座』，学芸出版社.

小長谷一之ほか（2014）『都市構造と都市政策』，古今書院.

小長谷一之ほか編（2007）『創造都市への戦略』，晃洋書房.

小長谷一之ほか編（2008）『まちづくりと創造都市』，晃洋書房.

小長谷一之ほか編（2009）『まちづくりと創造都市2』，晃洋書房.

小長谷一之（2013）「観光による地域活性化と「時間空間一致の法則」」『観光Reデザイン』サイト.
https://kankou-redesign.jp/authors/konagaya-kazuyuki/

小長谷一之・北田暁美・牛場智（2006），「まちづくりとソーシャル・キャピタル」『創造都市研究』第1巻　創刊号.

小西俊作・佐藤要祐・太田充（2007）「東京都心部における賃貸集合住宅価格の付加価値要因に関する研究」，『都市計画論文集』，第42巻，pp.88-99.

近藤公彦（2013）「小売業における価値共創〜経験価値のマネジメント〜」，『マーケティングジャーナル』，Vol.32，No.4，pp.50-62.

五嶋俊彦（2012）「景観＋飲食＋購入の観光3要素—SAKE（日本酒）ツーリズムによる地域活性化—」，小長谷一之・福山直寿・五嶋俊彦・本松豊太『地域活性化戦略』，晃洋書房，pp.128-201.

斎藤峻彦（1978）『交通経済の理論と政策』ぺんぎん出版.

斎藤峻彦（1993）『私鉄産業—日本型鉄道経営の展開—』晃洋書房.

斎藤峻彦（2019）「日本の鉄道事業と鉄道旅客輸送市場」，斎藤峻彦・関西鉄道協会都市交通研究所編『鉄道政策の改革—鉄道大国・日本の「先進」と「後進」—』，pp.57-82，成山堂書店.

財団法人国際交通安全学会編（1998）『魅力ある観光地と交通：地域間交流活性化への提案』，技法堂出版.

坂本淳・山岡俊一（2017）「地域鉄道の廃止と駅周辺における社会経済の変化の関係分析」，『都市計画論文集』第52巻第3号，pp.270-276.

坂本淳・山岡俊一・藤田素弘（2016）「地方鉄道に関する情報提供が住民意識に及ぼす影響の分析—樽見鉄道を事例として—」，『交通工学論文集』，第2巻，第2号，pp.10-18.

佐々木憲康（2009）「遠野市の認定中心市街地活性化基本計画について」，『新都市』，Vol.63，No.7，pp.97-100.

敷田麻実・内田純一（2009）「観光まちづくりの新たな視点」，敷田麻実・内田純一・森重昌之編『観光の地域ブランディング』，pp.8-44，学芸出版社.

島田市「第2章-5「上位関連計画」https://www.city.shimada.
　shizuoka.jp/fs/1/0/0/0/5/4/_/5zyouikeikaku.pdf（2019年2月25日最
　終アクセス）

下野新聞SOONニュース「真岡鉄道，SL1台で運行へ　維持費は増，乗
　客は減で2台困難に」https://www.shimotsuke.co.jp/articles/-/68881
　（2019年2月25日最終アクセス）

肖凡・山本清龍（2016）「銀山温泉街の魅力と景観資源，滞留空間の分
　布に関する研究」，『日本観光研究学会全国大会学術論文集』，Vol.31，
　pp.141-144.

柴崎隆一・荒牧健・加藤澄恵・米本清（2011）「クルーズ客船観光の特
　性と寄港地の魅力度評価の試み」，『運輸政策研究』，第14巻，第2号，
　pp.2-13.

白塚重典（1994）「物価指数に与える品質変化の影響」，『金融研究』，第
　13巻第4号，pp.61-95.

白塚重典（1997）「ヘドニック・アプローチによる品質変化の捕捉―理
　論的枠組みと実証研究への適用―」，『日本銀行金融研究所ディスカッ
　ション・ペーパー・シリーズ』No.97-J-6，http://www.imes.boj.
　or.jp/research/papers/japanese/97-J-06.pdf（2018年4月18日最終ア
　クセス）.

JR九州パンフレット「極上の列車旅」（2018年4月1日～2018年11月30
　日出発期間分）.

JR四国（2013）「社会資本整備審議会道路分科会　国土幹線道路部会説
　明資料」，http://www.mlit.go.jp/common/000994791.pdf（2018年9
　月14日最終アクセス）

JR四国（2018a）「四国における鉄道ネットワークのあり方に関する懇
　談会Ⅱ　事務局資料（資料編）」，http://www.jr-shikoku.co.jp/04_
　company/information/shikoku_trainnetwork/2-3.pdf（2020年11月4
　日最終アクセス）

JR四国（2018b）「区間別平均通過人員（輸送密度）および旅客運輸収
　入（2016年度）」，

http://www.jr shikoku.co.jp/04_company/company/kukanheikin.pdf
（2018年1月24日最終アクセス）

JR四国（2018c）「区間別平均通過人員（輸送密度）および旅客運輸収
　入（2017年度）」．
　http://www.jr-shikoku.co.jp/04_company/company/kukanheikin.pdf
　（2018年9月14日最終アクセス）

JR四国（2018d）「「伊予灘ものがたり」8万人達成イベントの実施につ
　いて」．http://www.jr-shikoku.co.jp/03_news/press/2018 04 05.pdf
　（2018年9月14日最終アクセス）

JR四国（2019）「四国における鉄道ネットワークのあり方に関する懇談
　会Ⅱ」
　https://www.jr-shikoku.co.jp/04_company/information/shikoku_
　trainnetwork/4-2.pdf（2020年11月4日最終アクセス）

JR四国HP「観光列車」http://www.jr-shikoku.co.jp/01_trainbus/event_
　train/（2018年8月24日最終アクセス）

JR西日本HP「列車を楽しむ！観光も楽しむ！観光列車の旅時間」
　https://www.jr-odekake.net/navi/kankou/（2018年8月24日最終ア
　クセス）

JR東日本HP「現美新幹線」https://www.jreast.co.jp/railway/joyful/
　genbi.html（2018年8月24日最終アクセス）

JR東日本HP「のってたのしい列車ポータル」https://www.jreast.co.jp/
　railway/joyful/（2018年8月24日最終アクセス）

菅原啓・高橋 節子（1974）「遠野盆地の緩斜面と段丘の成因について」，
　『東北地理』，26巻，1号，pp.10-21.

菅原操（1985）「国鉄の地方線問題の経緯と将来動向」，『土木学会論文集』
　353号，pp. 1 -10.

杉山了三（2008）「遠野盆地の研究を指導して」，http://www1.iwate-
　ed.jp/kenkyu/siryou/h20/h20_04c3.pdf（2020年6月8日最終アクセ
　ス）

図師雅脩（2001）「観光と交通」，岡本伸之編『観光学入門』，pp.95-

117，有斐閣アルマ.

宋娟貞（2017）「日本の私鉄企業の多角的事業展開と効率性に関する実証分析」，『交通学研究』，第60号，pp.31-38.

総務省（各年）「住民基本台帳に基づく人口，人口動態及び世帯数調査」，https://www.e-stat.go.jp/stat-search/files?page=1&toukei=00200241&tstat=00000103959（2019年9月22日最終アクセス）.

総務省統計局（各年）「小売物価統計調査」，https://www.stat.go.jp/data/kouri/doukou/index.html（2019年9月22日最終アクセス）

総務省統計局（2017）「平成28（2016）年家計調査年報」，http://www.stat.go.jp/data/kakei/2016np/index.html（2018年9月14日最終アクセス）

十代田朗（2010）「観光まちづくりにマーケティングはなぜ必要か」，十代田朗編『観光まちづくりのマーケティング』，pp.8-19，学芸出版社.

高柳直弥（2015）「企業博物館の価値創造活動とそれらが企業および社会にもたらす効果に関する考察」，『経営研究』，第66巻，第3号pp.88-105.

竹田敏昭・和田裕行（2006）「地方鉄道のバス代替評価について」，『運輸と経済』，第66巻，第2号，pp.53-58.

田代展子・堀繁（2006）「山形県銀山温泉における景観と空間の特徴に関する研究」，『日本観光研究学会全国大会学術論文集』，Vol.21，pp.177-180.

立松信孝（2006）「観光を支える社会システムとしての鉄道産業—観光からみた役割と今後の展望—」，『鈴鹿国際大学紀要Campana』，第12巻，pp.45-69.

近勝彦・福田秀俊（2010）『経験の社会経済—事例から読み解く感動価値』，晃洋書房.

近勝彦ほか（2018）『スポーツツーリズム概論』，学術研究出版.

近勝彦（2016）「コンテンツの経済波及効果の分析—NHK大河ドラマとそのイベントはいかなる観光価値を創造するか」，『経済効果入門』，日本評論社，pp.261〜277.

中日新聞「大井川鉄道　電車の本数削減（2014年2月4日）」https://web.archive.org/web/20140219130042/http://www.chunichi.co.jp/article/shizuoka/20140204/CK2014020402000094.html（2019年2月25日最終アクセス）

土屋俊幸（1993）「リゾート開発」ブームの実態と問題点」,『林業経済』,1993年2月号, pp.13-21.

鶴田総一郎（1956）「博物館学総論」,日本博物館協会編『博物館学入門』, pp.8-122, 理想社.

鶴見和子（1996）『内発的発展論の展開』, 筑摩書房.

東洋経済ONLINE「トーマス列車」鉄道会社が赤字に陥ったワケ」https://toyokeizai.net/articles/-/73517（2019年2月25日最終アクセス）

東洋経済ONLINE「大井川鉄道「トーマス」とソニーの意外な関係」https://toyokeizai.net/articles/-/131567（2019年2月25日最終アクセス）

遠野市（2016a）「遠野市中心市街地活性化基本計画」, https://www.city.tono.iwate.jp/index.cfm/46, 13265, c, html/13265/20160314-175625.pdf（2020年6月8日最終アクセス）

遠野市（2016b）「遠野市六次産業化・地産地消推進戦略」, https://www.city.tono.iwate.jp/index.cfm/46, 34526, c, html/34526/160224-Tono6Gstrategy.pdf（2020年6月8日最終アクセス）

富岡耕太（2009）「観光客の声を生かしたまちづくり」, 敷田麻実・内田純一・森重昌之編『観光の地域ブランディング』, 学芸出版社, pp.82-93.

内閣府（各年）「県民経済計算」, https://www.esri.cao.go.jp/jp/sna/data/data_list/kenmin/files/contents/main_h26.html（2019年9月22日最終アクセス）

中澤一浩（2016）「JR東日本の「のってたのしい列車」,『JR gazette』,第74巻, 第4号, pp.3-8.

中村剛治郎（2008）「現代地域経済学の基礎と課題」, 中村剛治郎編『基

本ケースで学ぶ地域経済学』，pp. 1 -55，有斐閣ブックス.

中村敏・小長谷一之（2014）「地域振興に資する観光列車戦略の分類と経済効果」，『総合観光研究』13号，pp. 1 -20.

中村浩（2016）「産業博物館・企業博物館」，中村浩・青木豊編『観光資源としての博物館』，pp.75-80，芙蓉書房出版.

長岡市（2020）「長岡市市勢要覧2020」，https://www.city.nagaoka.niigata.jp/shisei/cate02/youran/file/2020.pdf（2020年 9 月 9 日 最終アクセス）

那須野育大（2013）「鉄道事業者の多角化に関する研究：JR九州の事例分析から」，『公益事業研究』，第65巻，第 2 号，pp.37-47.

那須野育大（2015）『日本鉄道業の事業戦略—鉄道経営と地域活性化』，白桃書房.

那須野育大（2018）「鉄道経営と地域活性化に関する一考察：レストラン列車のマーケティング」，『公益事業研究』，第70巻，第 1 号，pp.10-24.

長沢伸也・西村修（2015）「地場産業企業に見る高価格戦略のマネジメント」，『早稲田国際経営研究』，No.46，pp.85-94.

新納克広（2017）「鉄道ビジネスと観光」，塩見英治・堀雅通・島川崇・小島克巳編『観光交通ビジネス』，pp.73-85，成山堂書店.

新納克広（2019）「観光列車の昔，今，未来」，『みんてつ』，Vol.71，pp. 4 - 7 .

温井亨（1997）「尾花沢市「銀山温泉家並保存条例」の12 年間の成果に関する研究」，『ランドスケープ研究』，第61巻，第 5 号，pp.748-752.

温井亨（1999）「山形県大石田町における歴史的町並みを保全した町づくりに関する研究」，『ランドスケープ研究』，第63巻，第 5 号，pp.738-742.

温井亨（2001）「北村山地域における歴史的風景保全の取り組みの評価に関する研究」，『ランドスケープ研究』第65巻，第 5 号，pp.788-792.

原潔（2011）「ローカル線の上下分離—現状と可能性」，『鉄道ジャーナル』

No.541，pp.74 80.

原良憲・岡宏樹（2013）「日本型クリエイティブ・サービスの価値共創モデル―暗黙的情報活用に基づく価値共創モデルの発展的整理―」，『研究技術計画』，Vol.28，No.3，pp.254-261.

原田保（2015）「デスティネーション指向へ，そして地域指向や精神指向へ」，原田保・板倉宏昭・加藤文昭編『旅行革新戦略―地域デザインとライフデザインによるコンテクスト転換―』，白桃書房，pp.52-113.

日髙真吾（2018）「日本における地域文化研究への新たなアプローチ」，『民博通信』，No.160，pp.4-9.

肥田野登（1997）『環境と社会資本の経済評価』，勁草書房.

藤澤研二（2018）「地域の観光振興と「道の駅」の果たす役割」，『江戸川大学紀要』，第28号，pp.441-459.

藤田知也（2019a）「地方圏における鉄道需要に関する一考察―パネルデータによる実証分析―」，『交通学研究』，第62号，pp.45-52.

藤田知也（2019b）「観光列車が有する博物館的機能に関する研究―教育・普及的機能に焦点を当てて―」，『博物館学雑誌』，第44巻，第2号，pp.1-15.

藤田知也（2019c）「観光列車の導入による地域経済への効果とその課題―観光列車「伊予灘ものがたり」を事例に」，『観光学評論』，第7巻，第2号，pp.3-14.

藤田知也（2020a）「鉄道輸送サービスの高付加価値化に関する定量的研究―経験価値を中心とする観光列車の価値属性に着目して―」，『交通学研究』，第63号，pp.55-62.

藤田知也（2020b）「駅別乗車人員データから見る観光列車の効果と課題―観光まちづくりへの示唆―」，『余暇ツーリズム学会誌』，第7号，pp.21-29.

藤田知也（2021）「地方鉄道の現状および観光列車の地域活性化効果に関する分析とモデル化に関する研究」，大阪市立大学大学院　創造都市研究科，博士学位論文.

藤田知也・榊原雄一郎（2017）「鉄道事業者における観光列車戦略の研究—JR九州の事例から」，『関西大学経済論集』，第67巻，第3号，pp.237-254.

藤田知也・榊原雄一郎（2018）「観光列車による地域活性化に関する一考察；内発的発展の分析視角から」，『関西大学経済論集』，第68巻，1号，pp.10-26.

藤田知也・榊原雄一郎（2020）「内発的観光における地域外資源の地域資源化に関する研究」，『地域経済学研究』，第39・40合併号，pp.127-140.

藤本高志（2000）「山村地域における観光の経済効果の計測」，『農林業問題研究』，第36巻，第3号，pp.124-133.

古谷健司・小池正雄（2012）「外来型開発の地域における社会的・経済的開発効果の検証—長野県茅野市蓼科高原三井の森別荘地を事例として—」『林業経済研究』，Vol.58，No.2，pp.42-53.

武士田忠（1994）「地域博物館の抱える諸問題」，『日本民俗学』第200号，pp.217-229.

保母武彦（1990）「内発的発展論」，宮本憲一・横田茂・中村剛治郎編『地域経済学』，有斐閣.

堀雅通（2013）「観光交通サービスの特性と観光交通ビジネスの展開」，塩見英治・堀雅通・島川崇・小島克巳編『観光交通ビジネス』，pp.12-29，成山堂書店.

堀雅通（2000）『現代欧州の交通政策と鉄道改革—上下分離とオープンアクセス』，税務経理協会.

堀江典子（2015）「都市施設における博物館的機能の可能性と課題」，『博物館学雑誌』，第41巻，第1号，pp.75-83.

前之園和幸・三橋勇（2009）「観光統計によるデスティネーションキャンペーン検証：仙台・宮城デスティネーションキャンペーンを事例に」，『宮城大学事業構想学部紀要』，第12号，pp.28-38.

松久謙一・五十嵐健一（2011）「鉄道博物館における資料保存と展示」，『博物館研究』，第46巻，第7号，pp.22-25.

松中亮治・大庭哲治・植村洋史（2020）「地方鉄道の存廃と駅勢圏における年齢階層別人口の社会増減との関連分析」，『土木学会論文集Ｄ３（土木計画学)』，第75巻，第６号，pp.238-247.

水上啓吾（2007）「公連協調査研究報告　コミュニティバスの事例研究」，『公営企業』，第44巻，第９号，pp.23-37.

水野寿行（2014）「SLで楽しむ土木遺産「大井川鐵道」，『Consultant』，Vol.262，pp.11-15.

溝尾良隆（1991）「わが国におけるリゾート開発の課題と展望」，『経済地理学年報』，第37巻，第１号，pp.38-50.

溝上章志・朝倉康夫・古市英士・亀山正博（2000）「観光地魅力度と周遊行動を考慮した観光交通需要の予測システム」，『土木学会論文集』，第639号，pp.65-75.

三橋俊雄・宮崎清（1990）「内発的地域開発計画の特質―過疎地域・新潟県山北町における実践を通して」，『デザイン学研究』，No.80，pp.43-50.

三菱UFJリサーチ＆コンサルティング（2018）「ローカル鉄道の健全経営に向けた行政支援のあり方に関する調査報告書」http://www.murc.jp/thinktank/rc/politics/politics_detail/seiken_180418.pdf(2018年10月15日最終アクセス)

宮崎耕輔・高山純一（2012）「鉄道が廃止された後の地域住民の意識に関する一考察：のと鉄道能登線廃止におけるケーススタディ」，『農村計画学会誌』，第31号，pp.387-392.

宮本憲一（2007）『環境経済学 新版』，岩波書店.

室谷正裕（1998）「観光地の魅力度評価」，『運輸政策研究』，第１巻，第１号，pp.13-24.

持田誠（2012）「帯広市周辺の鉄道資料の保存状態」，『帯広大谷短期大学紀要』，第49号，pp.63-72.

森川裕貴・岡本直久（2015）「時系列データを用いた地域鉄道維持に関する基礎的考察」，『交通学研究』，第58号，pp.121-128.

森彰英（2007）『「ディスカバー・ジャパン」の時代 新しい旅を創造した，

史上最大のキャンペーン』，交通新聞社.

森重昌之（2014）『観光による地域社会の再生　オープン・プラットフォームの形成に向けて』，現代図書.

森重昌之（2015）「定義から見た観光まちづくり研究の現状と課題」，『阪南論集 人文・自然科学編』，第50巻，第 2 号，pp.21-37.

守友裕一（2014）「内発的な地域の発展とは何か—地域の再生と内発的発展論」，守友裕一・大谷尚之・神代英昭編『福島 農からの日本再生：内発的地域づくりの展開』，pp.176-201，農山漁村文化協会.

文部科学省「地域資源の活用を通じたゆたかなくにづくりについて」http://www.mext.go.jp/b_menu/shingi/gijyutu/gijyutu3/shiryo/__icsFiles/afieldfile/2011/03/28/1303081_11.pdf（2019年 2 月25日 最終アクセス）

安島博幸（2014）「観光的価値の生成過程に関する理論的考察」，『日本観光研究学会全国大会学術論文集』，Vol. 29，pp.285-288.

安田亘弘（2011）「フードツーリズムと観光まちづくりの地域マーケティングによる考察」，『地域イノベーション』，第 4 号，pp.23-33.

安本宗春（2015）「観光による内発的地域振興における地域外人材の役割—地域内外人材の相互作用による「伝統の再創造」—」，『日本国際観光学会論文集』，第22号，pp.210-216.

安本宗春（2014）「地方鉄道の社会的役割を支える観光：三陸鉄道を事例として」，『日本国際観光学会論文集』，第21号，pp.145-151.

薮田雅弘（2017）「産業連関表と観光」中平千彦・薮田雅弘編『観光経済学の基礎講義』，pp.76-94，九州大学出版会.

山内弘隆・竹内健蔵（2002）『交通経済学』，有斐閣アルマ

山浦綾香（2008）「観光資源としてのミュージアム」，『運輸と経済』，第68巻第 3 号，pp.68-77.

山形県（各年）「山形県観光者数調査」https://www.pref.yamagata.jp/sangyo/kanko/plan/7110011kankoshasuchosa.html（2020年 7 月 2 日最終アクセス）

山田浩之・綿貫伸一郎（1996）「都市鉄道需要の計量分析—交通需要の

運賃弾力性の計測―」, 『交通学研究』, 第39号, pp.163-170.

山田晴義 (2007)「永遠の日本のふるさと遠野」の地域再生策―地域資源の総合的活用による遠野スタイルの実現に向けて―」, NIRA Case Study Series No.2007-05-AA-1 (https://www.nira.or.jp/past/newsj/casess/pdf/2007-05-AA-1.pdf, 2020年6月5日最終アクセス)

山村高淑 (2009)「観光革命と21世紀：アニメ聖地巡礼型まちづくりに見るツーリズムの現代的意義と可能性」, 『CATS 叢書: 観光学高等研究センター叢書』, 第1号, pp.3-28.

湧口清隆 (2018)「鉄道の未来学 基調報告49：観光列車, 有料着席列車の経済学」, 『みんてつ』, vol.64, pp.24-27.

吉川丈 (2015)「日本の鉄道事業者に対する効率性分析：―第3セクター鉄道と私鉄の技術効率性比較―」, 『地域学研究』, 第45巻, 第1号, pp.28-40.

米田誠司 (2015)「観光列車における観光価値の生成過程に関する一考察－観光列車「伊予灘ものがたり」にみる関係性の構築から」, 『第30回日本観光研究学会全国大会学術論文集』, pp.81-84.

渡邉亮・藤井大輔 (2014)「地方鉄道における施策別経営改善効果に関する研究～複数のシナリオによる比較～」, 『交通学研究』, 第57号, pp.48-56.


Albalate, D., Campos, J., & Jiménez, J. L. (2017). Tourism and high speed rail in Spain: Does the AVE increase local visitors?. Annals of Tourism Research, 65, 71-82.

Chandler, D. (1994). Semiotics for beginners. http://s3.amazonaws.com/szmanuals/bb72b1382e20b6b75c87d297342dabd7 (2018年9月14日最終アクセス)

Cheng, Y.-H. (2009). High-speed rail in Taiwan: New experience and issues for future development. Transport Policy, 17 (2), 51–63.

Chen, Z., Haynes, K. (2012). Tourism industry and high speed rail, is there a linkage?: Evidence from China's high speed rail development.

ASRDLF 2012 Conference Special Session on High Speed Rail, Tourism and Territories, Belfort, France.

Luk, J., & Hepburn, S. (1993). New review of Australian travel demand elasticities, Australian Road Research Board.

Mohring, H. 1976 "Transportation Economics" Balinger Publishing.

Nash, C., and Rivera-Trujillo, C. (2007). "Rail reform in Europe: issues and research needs.", Institutions and Sustainable Transport: Regulatory Reform in Advanced Economies, pp.110-140.

Okabe, S. (1979). "Impact of the Sanyo Shinkansen on Local Communities", in Proceedings of the International Institute for Applied Systems Analysis Conference, June 27–30, 1977), A. Straszak, and R. Tuch (eds.) : 105–129.

Paulley, N., R. Balcombe, R. Mackett, H. Titheridge, J. Preston, M. Wardman, J. Shires, and P. White (2006) "The demand for public transport: The effects of fares, quality of service, income and car ownership," Transport Policy, 13, 295-306.

Pine, B. J. and J. H. Gilmore (1999) The Experience Economy, Harvard Business School Press. (岡本慶一・小高尚子訳 (2005)『[新訳]経験経済－脱コモディティ化のマーケティング戦略』, ダイヤモンド社.)

Sinclair, M. T. (1990). Hedonic prices and the marketing of package holidays: the case of tourism in Malaga, in Ashworth, G. and B. Goodall ed. Marketing tourism places, Routledge, pp.85-103.

Small, K., & Winston, C. (1998). "The demand for transportation: models and applications." in Essays in Transportation Economics and Policy, Brookings Institute.

Spiggle, S. (2003). "Creating the frame and the narrative: From text to hypertext. In Representing consumers", pp.172-206. Routledge.

Wang, X., Huang, S., Zou, T., & Yan, H. (2012). Effects of the high speed rail network on China's regional tourism development. Tourism Management Perspectives, 1, 34–38.

Ward, N., Atterton, J. H., Kim, T. Y., Lowe, P. D., Phillipson, J., & Thompson, N. (2005). Universities, the knowledge economy and 'neo-endogenous rural development'. CRE Discussion Paper. https://eprints.ncl.ac.uk/file_store/production/148470/201F4A3A-B6F5-4A92-9CEB-BCEBCBCC0020.pdf（2020年11月27日最終アクセス）

White, P (2006). The demand for public transport: The effects of fares, quality of service, income and car ownership, Transport Policy, 13, 295-306.

## 謝辞

本書は，筆者が大阪市立大学大学院創造都市研究科博士（後期）課程での研究成果をまとめた博士論文「地方鉄道の現状および観光列車の地域活性化効果に関する分析とモデル化に関する研究」に加筆・修正を加えたものです．

筆者は大学卒業後，鉄道会社で勤務していましたが，当時から観光列車戦略が日本の地方鉄道や地域活性化に重要な役割を果たすのではないかと考えており，大学院進学後は観光列車に着目した研究を進めてきました．本書が観光列車の導入を通じた日本の地方鉄道問題の解決や地域活性化の一助となれば，筆者のこの上ない喜びです．

さて，本研究を進めるにあたり，指導教員である小長谷一之先生（大阪市立大学大学院創造都市研究科教授）には博士（後期）課程在籍中の３年間にわたり，大変多くのご指導，ご助言を頂きました．心より御礼申し上げます．近勝彦先生（大阪市立大学大学院創造都市研究科教授），水上啓吾先生（大阪市立大学大学院創造都市研究科准教授）からも，研究の方向性や改善点等を的確且つ丁寧にご指導いただきました．心より御礼申し上げます．

筆者が関西大学大学院経済学研究科博士課程前期課程に在籍中にご指導して頂いた宇都宮浄人先生（関西大学経済学部教授），榊原雄一郎先生（関西大学経済学部教授）には，大阪市立大学大学院創造都市研究科博士（後期）課程に進学した後も引き続き，筆者の研究のみならず今後のキャリアについても多くのアドバイスを頂きました．心より御礼申し上げます．

また，本研究を進めるにあたり，JR四国営業部・ものがたり列車推進室の村井様，京都丹後鉄道の依知川様，遠野市観光交流課の立花様，大石田町産業振興課商工観光グループの柏倉様，小千谷市観光交流課観光係の荻野様にはご多忙の中，貴重なデータをご提供頂くとともに，大変貴重なお話をお聞かせ頂きました．この場をお借りして心より御礼申し上げます（ご所属先は研究取材当時のものです）．

217

**【著者紹介】**

藤田知也（ふじた　ともや）

北海学園大学経済学部地域経済学科講師．博士（創造都市）大阪市立大学．
1991年生まれ．2014年，関西大学経済学部卒業．鉄道会社勤務の後，関西大学大学院経済学研究科博士課程前期課程，大阪市立大学大学院創造都市研究科博士（後期）課程を経て，2020年に北海学園大学経済学部地域経済学科講師に就任．2021年に博士（創造都市）の学位を受ける．

主な研究業績として，「鉄道輸送サービスの高付加価値化に関する定量的研究－経験価値を中心とする観光列車の価値属性に着目して－」『交通学研究』63号，「観光列車が有する博物館的機能に関する研究：教育・普及的機能に着目して」『博物館学雑誌』44巻2号などがある．

OMUPの由来

大阪公立大学共同出版会（略称OMUP）は新たな千年紀のスタートとともに大阪南部に位置する5公立大学，すなわち大阪市立大学，大阪府立大学，大阪女子大学，大阪府立看護大学ならびに大阪府立看護大学医療技術短期大学部を構成する教授を中心に設立された学術出版会である．なお府立関係の大学は2005年4月に統合され，本出版会も大阪市立，大阪府立両大学から構成されることになった．また，2006年からは特定非営利活動法人（NPO）として活動している．

Osaka Municipal Universities Press(OMUP) was established in new millennium as an association for academic publications by professors of five municipal universities, namely Osaka City University, Osaka Prefecture University, Osaka Women's University, Osaka Prefectural College of Nursing and Osaka Prefectural College of Health Sciences that all located in southern part of Osaka. Above prefectural Universities united into OPU on April in 2005. Therefore OMUP is consisted of two Universities, OCU and OPU. OMUP has been renovated to be a non-profit organization in Japan since 2006.

---

観光列車の経済学的研究
―地方鉄道の維持振興と地域活性化に向けて―

2021年10月21日　初版第1刷発行
2022年1月21日　初版第2刷発行

著　者　　藤田　知也

発行者　　八木　孝司

発行所　　大阪公立大学共同出版会（OMUP）
　　　　　〒599-8531 大阪府堺市中区学園町1－1
　　　　　大阪府立大学内
　　　　　TEL　072（251）6533　FAX　072（254）9539

印刷所　　和泉出版印刷株式会社